智能制造工业软件应用系列教材

产品全生命周期管理平台
（上　册）

胡耀华　梁乃明　总主编
吕赐兴　刘骏鹏　编　著

机械工业出版社

本书从应用的角度介绍了产品全生命周期管理（PLM）的概念及其系统的主要功能，并结合西门子的 Teamcenter PLM 系统介绍了 PLM 中产品数据管理涉及的理论知识及软件的使用和操作方法。

本书共 9 章。第 1 章介绍了 PLM 的概念和系统的主要功能；第 2 章描述了 PLM 系统的数据管理功能；第 3 章从产品结构管理和配置管理的角度介绍了 PLM 系统中的产品结构模型、产品配置方法及产品的版本规则；第 4 章对零件分类管理进行了介绍；第 5 章阐述了从产品设计、工艺到产品制造的产品数据管理的相关知识和操作；第 6、7 章阐述了产品数据管理经常涉及的工作流程管理和项目管理的基本知识和操作；第 8 章阐述了 PLM 系统与 CAD 软件集成的必要性，并以 Teamcenter 与 NX 集成为例，讲解了集成的内容和操作；第 9 章是对软件操作的综合演练。本书立足于 PLM 的应用与实施，注重理论知识与实际操作相结合，内容充实。

本书可作为高等学校机械工程、智能制造、企业管理等领域的专业教材，也可作为从事 CAD/CAM、PLM、企业信息管理系统开发与应用的研究人员和工程技术人员的参考书。此外，本书还可作为 PLM 技术推广与应用的培训教材。

图书在版编目（CIP）数据

产品全生命周期管理平台. 上册/胡耀华，梁乃明总主编；吕赐兴，刘骏鹏编著. —北京：机械工业出版社，2021.11（2025.1 重印）
智能制造工业软件应用系列教材
ISBN 978-7-111-69715-2

Ⅰ.①产… Ⅱ.①胡… ②梁… ③吕… ④刘… Ⅲ.①产品生命周期-管理信息系统-高等学校-教材　Ⅳ.①F273.2

中国版本图书馆 CIP 数据核字（2021）第 245977 号

机械工业出版社（北京市百万庄大街 22 号　邮政编码 100037）
策划编辑：王勇哲　　　　　责任编辑：王勇哲
责任校对：史静怡　张　薇　封面设计：王　旭
责任印制：刘　媛
涿州市般润文化传播有限公司印刷
2025 年 1 月第 1 版第 3 次印刷
184mm×260mm・11.5 印张・278 千字
标准书号：ISBN 978-7-111-69715-2
定价：45.00 元

电话服务　　　　　　　　　　网络服务
客服电话：010-88361066　　　机　工　官　网：www.cmpbook.com
　　　　　010-88379833　　　机　工　官　博：weibo.com/cmp1952
　　　　　010-68326294　　　金　书　网：www.golden-book.com
封底无防伪标均为盗版　　　　机工教育服务网：www.cmpedu.com

前 言

当前，智能制造和工业 4.0 已成为全球的研究热点。智能制造以数字化、网络化和智能化作为三大要素，其中数字化是基础，要求产品模型化、资源模型化和过程可视化，不难发现其本质是在产品全生命周期内实现模型驱动需求、设计、制造、生产、验证及服务全过程。工业 4.0 提出了信息物理系统 Cyber-Physical System，（CPS）、三大集成和八项行动等实现技术及规划，其核心是产品全生命周期和生产全生命周期（即两种 PLM）的融合。产品全生命周期及其在全过程中运行的模型在智能制造和工业 4.0 中具有举足轻重的地位。

从产品研发的角度来看，产品全生命周期管理（PLM）体现了一种先进的产品开发管理模式和管理理念，已经逐渐成为一种产品协同开发的新模式。PLM 以协同过程管理技术为核心，把人、过程与信息有效地结合起来，使产品在全生命周期中都能支持与产品相关联的过程与系统。PLM 的重要性在于其能够使企业从产品全生命周期的角度来更好地管控产品研发过程，保证以一定成本及时地将产品投放市场。

本书根据应用型本科智能制造方向专业人才培养目标的要求编写，不仅从理论上阐述 PLM 的基本概念，而且从实际应用的角度出发，结合业内主流的 PLM 平台——西门子 Teamcenter，讲解 PLM 系统中各个功能的实际操作。

本书解释了 PLM 的定义及必要性，描述了 PLM 系统的基本功能及各基本功能在 Teamcenter 中的实现方式。本书共 9 章，包括以下内容：

第 1 章是产品全生命周期产品数据管理概述，包括 PLM 的来源、定义和概念，探讨了 PLM 的作用和特性，并重点介绍了 PLM 系统的基本功能，最后对 Teamcenter 进行了简要介绍。

第 2 章是产品全生命周期中的数据管理，包括电子仓库与文档管理，介绍了以产品为中心、结构化的产品数据组织和管理，以及在该理念下 Teamcenter 中的产品数据对象及其常见操作。

第 3 章是产品结构管理和配置管理，包括产品结构管理、产品结构配置和产品版本管理的基础知识，以及 Teamcenter 的相关功能及操作。

第 4 章是零件分类管理，包括零件分类方法和零件分类管理的一般步骤，以及 PLM 系统中的零件分类管理，并讲解了在 Teamcenter 中进行零件分类管理的一般操作。

第 5 章是产品制造工艺管理，包括产品从研发到工艺再到制造的过程中的产品数据管理的基础知识，以及利用 Teamcenter 实现制造工艺管理的过程。

第 6 章是工作流程管理基础应用，包括在 PLM 中利用工作流程来管理产品数据的基本知识，以及利用 Teamcenter 中的工作流程实现产品数据审批的应用。

第 7 章是项目管理基础，包括 PLM 中项目管理的基础知识，以及在 Teamcenter 中创建及管理项目，在项目中指派或移除产品数据等操作。

第 8 章是 PLM 系统与 CAD 软件的集成，包括 PLM 系统与 CAD 软件集成的意义，以及实现 Teamcenter 与 NX 集成的内容和操作。

第 9 章是综合演练，对项目创建、零件三维模型创建、零件数据送审、零件分类库构建及工艺结构搭建等内容进行演练。

与本书配合使用的《产品全生命周期管理平台（下册）》和本书同步出版。

本书可以作为（但不限于）：①智能制造专业本科生的教材（建议 54 学时以上，讲授本书全部章节）；②专科院校或职业技术学院程序设计教材（建议 64 学时，讲授本书全部章节）；③产品研发、制造业信息化、与产品数据管理开发相关的技术人员和管理人员的参考书。

本书是智能制造工业软件应用系列教材中的一本，本系列教材在东莞理工学院校长马宏伟和西门子中国区总裁赫尔曼的关怀下，结合西门子公司多年在产品数字化开发过程中的经验和技术积累编写而成。本系列教材由东莞理工学院的胡耀华和西门子公司的梁乃明任总主编，东莞理工学院的吕赐兴和西门子公司的刘骏鹏共同编著。虽然作者在本书的编写过程中力求描述准确，但由于水平有限，书中难免有不妥之处，恳请广大读者批评指正。

编著者

目　录

前言
第1章　产品全生命周期产品数据管理概述 1
1.1　PLM 的来源 1
1.2　PLM 的定义与概念 1
1.3　PLM 的作用和特性 2
1.4　PLM 系统的基本功能 3
1.5　PLM 产品介绍 4
1.6　Teamcenter 系统 5
1.7　PLM 案例介绍 17
习题 18

第2章　产品全生命周期中的数据管理 19
2.1　电子仓库与文档管理 19
2.2　数据类型与业务对象 20
2.3　Teamcenter 中的产品数据对象 24
2.4　产品数据对象的属性 39
2.5　业务对象应用视图 42
2.6　复制/剪切/粘贴/签入/签出/修订/另存/打印操作 46
习题 55

第3章　产品结构管理和配置管理 56
3.1　基础知识 56
3.2　Teamcenter 中的产品结构和产品配置 68
习题 92

第4章　零件分类管理 93
4.1　零件分类管理基础知识 93
4.2　Teamcenter 中的零件分类管理 96
习题 108

第5章　产品制造工艺管理 109
5.1　产品制造工艺管理 110
5.2　利用 Teamcenter 实现制造工艺管理 114
习题 125

第6章　工作流程管理基础应用 126
6.1　工作流程 126
6.2　Teamcenter 中的流程管理 128
习题 144

第7章　项目管理基础 145
7.1　PLM 系统中的项目管理概述 145
7.2　Teamcenter 中的项目管理基础 146
习题 154

第8章　PLM 系统与 CAD 软件的集成 155
8.1　基础概念 155
8.2　Teamcenter 与 NX 集成 156
习题 160

第9章　综合演练 161
9.1　创建项目 161
9.2　NX 集成环境使用 161
9.3　定制工作流程模板 162
9.4　研发数据送审 163
9.5　搭建分类知识库 163
9.6　搭建工艺结构 164

词汇表 165
参考文献 175

第 1 章

产品全生命周期产品数据管理概述

1.1 PLM 的来源

产品全生命周期产品数据管理来源于产品数据管理，有时也简称为产品全生命周期管理（Product Lifecycle Management，PLM）。它是由产品数据管理（Product Data Management，PDM）发展而来的。PDM 最早出现在 20 世纪 80 年代初期，是随着 CAD（Computer Aided Design，计算机辅助设计）技术的发展而由应用软件开发商推出的管理系统。为了有效管理大量的设计数据，管理范围逐渐扩展到产品开发过程、产品制造过程、产品售后维修过程等各个主要生命周期环节的数据，PLM 的概念应运而生。PLM 涵盖了整个产品生命周期产品数据的管理。

PLM 系统的目的是使产品数据在其整个生命周期内保持一致，使所有用户共享同一份产品信息。它往往采用分布式数据结构，防止开发过程中的非法更改，同时保证已有产品信息可以为整个企业使用。总之，PLM 系统能够实现在正确的时间，把正确的产品数据，以正确的形式，传递给正确的人，从而提高产品设计与开发的效率，缩短产品的研制周期和上市时间，提高企业的竞争力。

1.2 PLM 的定义与概念

根据国际知名机构 CIM data 的定义，PLM 的应用场景可以是在单一地点的企业内部，或者分散在多个地点的企业内部，也可以是在进行产品研发协作的多个企业之间。PLM 支持产品全生命周期产品数据的创建、管理、分发和应用，它能够集成与产品相关的人力资源、流程、应用系统和信息。PLM 包含以下几个方面的内容：

1）基础技术和标准，如 XML、可视化、协同和企业应用集成。

2）信息创建和分析的工具，如机械/电气 CAD、CAM（Computer Aided Manufacturing，计算机辅助制造）、CAE（Computer Aided Engineering，计算机辅助工程）、CASE（Computer Aided Software Engineering，计算机辅助软件工程）、信息发布工具等。

3）核心功能，如数据仓库、文档和内容管理、工作流程和任务管理等。

4）应用功能，如配置管理、变更管理等。

5) 面向业务/行业的解决方案和咨询服务，如汽车、高科技行业等。

按照 CIMdata 的定义，PLM 主要包括三个部分，即 CAX 软件（产品创新的工具类软件）、cPDM 软件（产品创新的管理类软件，包括 PLM 和在网上共享产品模型信息的协同软件等）和相关的咨询服务。

从另一个角度来看，PLM 是一种理念，即对产品从创建到使用，再到最终报废的全生命周期的产品数据进行管理的理念。在 PLM 理念产生之前，PDM 主要是针对产品研发过程的数据和过程的管理。而在 PLM 理念之下，PDM 的概念得到扩展，成为基于协同的 PDM，可以实现研发部门与企业各相关部门之间，甚至企业之间对产品数据的协同应用。同时，PLM 不仅针对研发过程中的产品数据进行管理，同时也包括产品数据在生产、营销、采购、服务、维修等部门的应用和管理。

1.3 PLM 的作用和特性

1.3.1 PLM 的作用

客户需求的个性化、市场竞争的白热化、市场的国际化等对企业的研发能力提出了新的挑战。因此，缩短产品上市周期、提高产品质量和服务质量、降低产品成本成为企业生存和发展必须考虑的关键问题。ERP（Enterprise Resource Planning，企业资源计划）、CRM（Customer Relationship Management，客户关系管理）、SCM（Supply Chain Management，供应链管理）和 PLM 这些企业信息化系统在企业解决问题的过程中扮演了重要的角色。这四种信息系统的有机结合，构成了企业信息化的重要组成部分。企业可以根据自身情况，面向某类特定的业务问题，选用一种或几种系统来构建自己的企业信息化框架体系，而 PLM 与 ERP、SCM、CRM 之间是协同关系。利用 PLM 提供的服务，尤其在复杂产品（如装备制造业）中，ERP 等系统本身的价值也能更好地得到体现。现有的企业信息系统（如 ERP 等）与 PLM 之间并不能互相替代。相反，它们之间无论在技术层面，还是实施层面都构成了协同关系。PLM 对整个协同过程起调配作用，其他的信息系统是支撑基础。PLM 系统完全支持在整个数字化产品价值链中构思、评估、开发、管理和支持产品，它把企业中多个未连通的产品信息孤岛集成为一个数字记录系统，与 ERP、SCM 和 CRM 系统一起形成了一个完整的企业信息化协同体系。有了 PLM 系统，ERP、CRM 和 SCM 系统才终于有了它们一直需要的、可靠的、可以普遍访问到的同时又最新、最准确、最完整的产品信息源。

在企业信息化体系中，整个企业在前端通过 CRM 系统与客户联系，在后端通过电子化采购系统或 SCM 系统与供货商沟通研发活动，产出的新产品资料会传到下端 MRP（Material Requirement Planning，物资需求计划）系统进入生产程序；企业销货收入、成本、获利的贡献会经由 ERP 系统的财务数字反映给管理层。正是借由这种架构及以 PLM 系统为主的整合系统，企业可以实现在产品全生命周期实施 PLM，核心是对企业整个业务流程进行整合，统一数据源，实现研发、销售、生产、供应、仓储、财务、售后等业务的无缝集成，实现以 PLM 为核心的产品数据平台和以 ERP 为核心的产供销资源管理平台的整合，减少中间环节，使所开发出来的产品更符合市场的需求。通过整合，一方面可以缩短产品从研发到投产的周期；另一方面可以从系统中及时获取其他部门提供的相关信息，为产品研发和改善提供依据。企业实施 PLM，无论采用何种方式，都应该以实现研发、产供销、财务等平台的统一为目标。只有这样，才能实现最大化的协同。

1.3.2 PLM 的特性

PLM 具备以下关键特性：

1）PLM 的管理对象是产品信息。这些信息不仅包括产品生命周期的定义数据，而且描述了产品是如何被设计、制造和服务的。

2）PLM 的目的是通过信息技术来实现产品全生命周期过程中协同的产品定义、制造和管理。

3）PLM 的核心功能是对产品信息的管理。PLM 负责对 CAD、CAM、CRM 等应用工具所产生的产品信息进行获取、处理、传递和存储。

总之，PLM 统一产品全生命周期内的产品数据源，保证信息的唯一性和完整性，并以产品为核心组织企业的信息流，在保证企业数据安全性的前提下，实现数据透明，并促进流程的并行和优化。

1.4 PLM 系统的基本功能

PLM 系统管理的项目包括：产品结构信息、零部件信息、变更信息、相关设计文件和技术文件等。PLM 系统不仅要管理这些信息及文件本身，更重要的是管理信息及文件之间的关系；同时还要管理信息及文件的版本历史纪录。在以往的手工管理模式下，产品数据之间的关联关系以及各自版本历史纪录的演化将导致难以进行真正有效的管理。以产品研发中的数据管理过程为例：

1）在研发设计端，通过对历史设计 BOM（Bill of Material，物料清单）信息的有效管理，PLM 系统提供了指导全新产品开发和变型产品开发的全新手段。设计师在进行概念设计的同时，首先到系统中获取可以参考的机型或组件，然后通过对既有产品或组件的参考重用，可以加快产品开发速度。

2）新产生的零部件和设计结果，将通过 PLM 系统电子化的审核过程来保证设计结果的正确性。在发生变更时，将通过关联更改及其闭环，保证产品关联设计结果的一致性和正确性。并借此实现建立更改前后数据与更改依据之间的联系。设计师从而可以借助 PLM 系统方便地了解更改原因及更改的版本历史记录。

3）随着产品更改而导致的设计结果版本的变化，如何在 PLM 系统中关注特定历史状态下的产品各部分的版本组成就成了一个十分重要的问题。PLM 系统借助基线、有效性等手段实现对设计结果特定历史阶段（方案设计、技术设计、施工设计、首件试制与试验、批产等）的产品设计结果的冻结，从而实现对产品开发过程中设计信息完善且丰富的中间阶段结果进行记录，形成产品的过程履历信息。

4）在对 BOM 信息（包括设计 BOM、制造 BOM、维护 BOM 等）进行必要的管理后，这些信息可以分别进入 ERP、SCM、FRACAS 系统中，直接驱动后端业务工作的开展和进行。更为重要的是，当设计结果发生变更时，变更结果信息来决定后端信息的变化，可以保证前端与后端数据的一致性，从而避免日后因为彼此数据不一致而带来的问题。

PLM 系统包括以下基本功能：

1）图样文档管理。提供零件对象模型及图文档安全存取、自动迁移、签审、版本发布、归档过程中的格式转换、浏览、圈阅和标注，以及全文检索、打印、发布等一套完整的管理方案。

2）产品结构和配置管理。主要用于创建、修改和记录产品的配置信息，允许按照某些特定要求来建造产品结构，记录某个产品改进而生成的产品结构，同时在产品周期不同阶段也可以提供相应的不同的产品结构表示（如设计阶段的产品结构、生产阶段的产品结构等）。

3）项目管理。管理项目的计划、执行、控制等活动，以及活动的相关资源，并将活动、资源与产品数据、产品流程紧密关联起来，最终达到对项目的范围、质量、成本和进度的管理。

4）工作流程管理。在企业的日常工作中，很多工作也都是按照企业自身的相关流程来执行的，如签审流程、变更流程、订单开发流程等，流程也可以与项目管理相结合，也可以因为某事件而触发。

5）变更管理。建立于 PLM 系统基本核心功能上，主要是跟踪和管理数据的修订过程。它提供一整套方案来管理变更，从变更请求，到变更通知，再到变更策略建立，最后到执行及跟踪。

6）数据安全管理。系统提供多重安全机制来确保数据的安全，使得正确的人在正确的时间可以获得正确的数据，不属于其权限范围内的数据则无法进行相应的操作。同时系统提供多种赋权方式来简化系统管理的工作强度。

7）系统集成管理。企业信息化是一个整体，在实施 PLM 系统时要充分考虑其他企业和其他相关系统的集成，避免出现信息化孤岛。

1.5　PLM 产品介绍

国内市场的 PLM 厂商可以分为三类：

1）以 CAD 为主体的 PLM 供应商，代表厂商如美国参数技术公司（PTC）的 Windchill、西门子公司（Siemens）的 Teamcenter、达索公司（Dassault）的 ENOVIA。这类厂商从 CAD 起家，以 CAD 作为支撑的 PLM 系统主要应用于离散制造行业（尤其是机械制造业），管理的核心是产品研发过程数据。这三大厂商进入市场较早，在我国市场上占据很大份额，在各行各业积累了许多优质客户，主要客户以实力雄厚的大型企业为主。

2）以 PDM 为主体的 PLM 供应商，代表厂商如北京艾克斯特、中车信息（原清软英泰）、上海思普、浙大联科、武汉开目等。这类 PLM 厂商往往只专注于 PDM 这一单一领域，既不支持 CAD 技术，也不提供 ERP 系统的 PDM 方案。由于抓住了 PDM 在我国的需求特点，因此能够以较高的性价比和产品本地化等优势来占领部分市场。

3）以 PLM+ERP 为主体的信息化整体解决方案提供商，国内代表厂商如用友、金蝶，国外代表厂商如甲骨文（Oracle）、思爱普（SAP）等。这类供应商多是由原来的 ERP 厂商通过并购或其他方式进入 PLM 领域，如用友并购重庆迈特（PLM 软件厂商）、Oracle 收购 Agile 等。这类厂商主要是从企业管理角度出发，强调以质量为驱动的扩展供应链，提供将企业内部各种资源和企业知识进行整合的一种电子商务解决方案。

目前，PLM领域占据领导地位的三大厂商都在积极布局，扩展PLM的内涵及外延，通过将所有与产品的生命周期相关的一切（包括人、数据、资源等）连接起来，打造一个全方面、一体化的平台，以加强自身的竞争能力。

我国自主品牌起步较晚，基本都立足于国内市场。经过多年的市场考验，国产优秀的PDM/PLM软件在功能上已经基本达到国际水平。尤其在某些细节上，由于更适合国内用户习惯，在易用性和操作性方面甚至略有优势。

1.6 Teamcenter 系统

Teamcenter是基于产品全生命周期数据管理理念的软件解决方案，它的开发商是德国的Siemens PLM软件公司。Teamcenter通过组合各种基础模块解决方案，实现企业的产品全生命周期数据管理，主要包括以下功能：

1）集成企业产品研发全生命周期的管理各个阶段，包括概念设计、需求规划、产品研发、工艺流程管理。

2）把企业之间的全球合作伙伴的协同研制业务连接起来，通过Teamcenter的权限访问控制能力，使得企业的合作伙伴和供应商在可控且安全的环境下访问企业产品数据。

3）固化企业持续的、可重用的业务流程。

Teamcenter支持产品全生命周期的所有阶段，包括产品规划、开发、制造及服务。Teamcenter主要的系统模块见表1.1。

表1.1　Teamcenter主要的系统模块

系统模块	系统模块	系统模块
系统工程和需求管理	CAE管理	产品可视化管理
产品结构管理和配置管理	可重用数字化验证	工艺业务流程管理
工作流程管理	大修、维护维修管理	分类管理
更改管理	尺寸规划和验证	数据共享
文档	电子设计自动化	多站点数据管理

1.6.1 Teamcenter 软件体系架构

Teamcenter软件在安装部署时可以选择两层或四层的体系架构，也可以同时安装两种体系架构。

1. Teamcenter 两层体系架构

两层架构包括资源层和客户端层，其软件逻辑视图如图1.1所示。资源层包含数据库服务器和数据库；客户端层包含Teamcenter胖客户端、与胖客户端集成在一起的第三方应用程序及一台本地服务器。此架构仅支持Teamcenter胖客户端。Teamcenter两层架构的客户端必须将卷服务器、数据库服务器部署在同一局域网内。

1）客户层包含基于Java为核心的图形化应用程序、业务逻辑服务器（又称为企业服务器）和文件客户端缓存组件（File Cache Client，FCC），这些组件均运行在客户端的计算机上。

2）资源层包含数据库和卷服务器（文件服务器）。数据库一般采用 Oracle 数据库作为核心；卷服务器一般运行在带有企业级存储的服务器上，要求有较大的容量和较快的文件寻址速度。

Teamcenter 两层架构的客户端直接与数据库进行通信，不需要架设业务逻辑服务器和 Web 中间层服务器，对服务器资源的需求较小。一般用于小型 PLM 系统部署，如在系统同时在线用户数较少（少于 30 人），数据量小于 50GB，业务模型较为稳定（一年 3~10 次小更改）的业务场景下，使用两层客户端可以快速进行 PLM 系统部署实施。

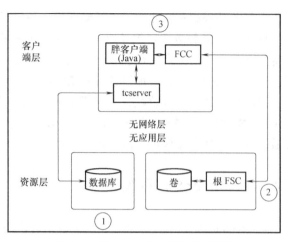

图 1.1 Teamcenter 系统两层架构

Teamcenter 系统两层架构包括以下模块：

1）系统数据库（可采用 Oracle、SQL Server、IBM Db2 等数据库引擎，一般为 Oracle 数据库）。

2）系统文件服务，Teamcenter File Management System 简称为 FMS，是 Teamcenter 系统基于 http/https 协议独有的文件传输服务。

3）胖客户端是一个以 Java 为核心的图形化应用程序，包含三大模块——胖客户端、FCC、tcserver。胖客户端通过 IIOP（Internet Inter-ORB Protocol，互联网内部对象请求代理协议）与处理业务逻辑的 tcserver 进程进行通信，tcserver 进程则通过 TCP/IP 与数据库进行数据传输，用于根据业务模型和业务逻辑处理客户端提交的请求，是客户端与数据库之间的桥梁；FCC 即文件客户端缓存，通过 http/https 协议与 FMS 通信，用于传输文件数据；胖客户端由设计人员、制造人员、管理员和其他用户使用，用于完成管理产品数据的设计、配置、创建和维护流程和流程结构，配置和维护 Teamcenter，访问存储在 Teamcenter 数据库中的数据，以及在 Teamcenter 和外部应用程序之间交换数据。

两层架构存在以下缺点：①因为业务逻辑处理运行在客户端环境上，一旦遇到业务模型更新或业务逻辑变化，需要在每台客户端上逐个去更新业务模型和程序；②因为客户端和资源层服务器必须在同一局域网内，所以对网络要求较高，且无法跨区域、跨防火墙进行访问；③因为客户端上需要同时运行胖客户端处理业务逻辑，工程师一般还需要打开 CAD 类软件对设计进行修改和创建，所以对客户端计算机的硬件要求也较高。为了解决这些问题，Teamcenter 系统还提供了一种更加灵活、扩展性强大的四层架构。

2. Teamcenter 四层体系架构

四层架构是在两层架构的基础上，在资源层与客户层之间，增加了应用层与网络（Web）层；同时将两层架构客户端上需要运行的 tcserver 进程迁移到应用层上，客户端与服务器之间的通信更改为 SOA 总线形式，通过 http/https 协议进行。如此设计，四层架构客户端只需要一个提交和接收请求的基于 Java 的轻量化应用程序（UI 与两层胖客户端，但是所有占用 CPU 资源的业务逻辑处理迁移至企业层上完成）及负责文件传输的 FCC 组件即可运行。四层架构的组件关系如图 1.2 所示。

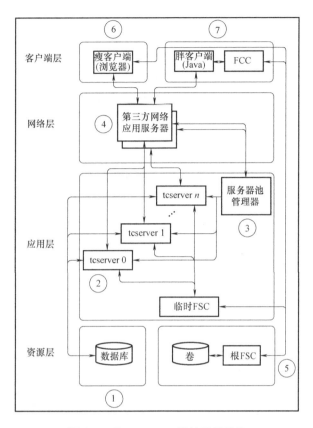

图 1.2 Teamcenter 系统四层架构

Teamcenter 系统四层架构包括以下模块：

1) 系统数据库（可采用 Oracle、SQL Server、IBM Db2 等数据库引擎）。
2) Teamcenter 系统服务池进程。在企业服务器上一个用户对应一个独立的 tcserver 进程。
3) Teamcenter 系统服务池管理器。用于管理企业服务器上启动的 tcserver 进程。
4) 中间件服务器。负责客户端与 tcserver 之间的通信。
5) 卷服务器及系统文件服务（FMS）。
6) 瘦客户端。基于网页形式的 Teamcenter 客户端，可以使用任何浏览器登录进行 Teamcenter 日常使用操作。对于不需要大量创作或管理访问 Teamcenter 的供应商、生产人员和其他用户而言，瘦客户端界面非常理想。
7) 四层架构胖客户端程序和 FCC 组件。

1.6.2 Teamcenter 软件基本功能

Teamcenter 具有全面统一的架构，为企业提供了一套较为完整的、端到端的数字化全生命周期管理解决方案，其功能主要包括：

（1）系统工程和需求管理　Teamcenter 系统工程和需求管理为企业提供了一个系统的、可重复的解决方案，用于定义、捕捉、调整、管理和使用产品需求的数据，以确保根据产品需求进行开发，使其符合战略意图、市场和客户需求，以及法规要求，提高企业成功交付产品的能力。

（2）组合、计划和项目管理　Teamcenter 组合、计划和项目管理通过持续地控制正确的投资组合，使企业投资回报实现最大化，将项目组合、项目计划、财务、资源、业务绩效与产品全生命周期集成，与企业战略方向保持一致。

（3）工程过程管理　Teamcenter 工程过程管理解决方案可以将来自所有站点的产品设计放入单个产品数据管理系统中，管理来自所有主要 CAD 系统的数据，自动将多 CAD 数据转换为独立于 CAD 的 JT 格式，并自动进行工程变更、验证和审批，以缩短开发时间，提高产品质量和生产力。

（4）物料清单 BOM 管理　Teamcenter BOM 管理模块使企业在整个产品生命周期中可以有效地管理 BOM 和产品配置，实现可重复的数字化验证和开放的、数据中性的 BOM 管理，支持 BOM 重构、替换和替代、零部件属性扩展、红线划改、表单式 BOM 编辑等 BOM 扩展功能。

（5）合规性管理　Teamcenter 合规性管理模块为整个产品生命周期提供了一个合规性检查的框架，以实现标准的、简化的管理，并降低不合规性的风险。

（6）内容和文档管理　Teamcenter 内容和文档管理不同于传统的文档管理，其新增了与 Microsoft Office（包括 Outlook）等软件技术结合的管理模块，专门用于多语言、多格式、多渠道的内容出版领域。在 Teamcenter 中，管理的数据插入到 Microsoft Office 中，以自动化和优化的方式进行文档和产品内容的管理，包括生成基于 SGML/XML 的技术出版物等。

（7）配方、包装和品牌管理　Teamcenter 配方、包装和品牌管理提供了一个统一管理产品配方、包装、原图和品牌信息的平台，将品牌定位、包装和原图的产品信息与配方和公式统一起来，使各个不同功能区域中的知识和过程保持一致，可以帮助企业在上市速度、生产力、成本、客户满意度及合规性方面实现收益。

（8）供应商关系管理　Teamcenter 供应商关系管理提供了一个可配置的解决方案组合，利用这些组合，企业能够通过一个协同的环境来更加高效地管理它们的供应链，支持更好的成本管理及更高效的产品开发和制造。

（9）机电一体化管理　Teamcenter 提供了一个丰富的环境，在一个产品和过程知识的单一来源中，跨越各个领域，可以关联地进行机械、电子、电气和嵌入式软件技术开发。

（10）制造过程管理　Teamcenter 制造过程管理提供了一个单一的、可扩展的、安全的制造数据来源，可以全面管理产品、过程、资源和工厂，并将这些连接在一起，以支持从工程到生产的全生命周期过程。

（11）仿真过程管理　Teamcenter 全生命周期仿真模块可以把全生命周期的仿真数据、过程与设计和试验数据关联起来，更好地评估产品性能和质量，同时提高产品的研发效率。

（12）维护、维修和大修管理　Teamcenter 提供了配置驱动的服务数据管理和 MRO（Maintenance, Repair&Operations, 维护、维修和运行）功能。配置驱动的 MRO 填补了工程、制造、后勤和维护团体之间的鸿沟。通过服务数据管理（Service Data Management, SDM），Teamcenter 建立了单一、安全的服务和过程知识源，为必须涵盖全生命周期（或仅涵盖全生命周期的服务部分）的组织提供了完整的产品全生命周期支持。

（13）报告和分析　Teamcenter 报告和分析功能提供了数据挖掘的能力，以便在此基础之上建立、测量和分析关键绩效标准，从而推动产品全生命周期的过程。通过敏捷而准确地提取、聚合、分析和传播来自多个企业信息源的信息，企业能够得出更加有效的决策。

（14）社区协同　Teamcenter 社区协同是一个开放式协同平台，可以为事件（项目）快速灵活地组织人员和数据，可以存储和共享任务的关键数据，召开虚拟会议来审核、校验数据，最终在一个安全的环境下共同做出决定。提供桌面、可视化、CAD 这三个层次的即时协同。

（15）生命周期可视化　Teamcenter 生命周期可视化模块使生命周期参与者在产品全生命周期都能够以二维和三维的格式对产品数据进行可视化处理（即使这些数据是用不同软件来创建的）。

（16）平台可扩展性服务　Teamcenter 可扩展平台提供了一整套配置、连接及定制服务，其面向服务的体系结构分为四层，非常灵活，企业能以更低的成本实现 Teamcenter 的投资价值。

（17）企业知识基础　Teamcenter EKM（Enterprise Knowledge Management，企业知识管理）模块作为全生命周期知识管理的基础模块，把企业的产品、过程、制造和服务知识，以及参与者都集成到一个单一的 PLM 环境中。

（18）Teamcenter Mobility　Teamcenter Mobility 让用户可以通过 WiFi 或移动宽带终端实时访问 Teamcenter 软件管理的丰富而全面的产品知识，直接在移动设备上回应工作流程并评审相关文档、二维图样和三维模型。

1.6.3　Teamcenter 软件应用程序界面

胖客户端界面具有标准菜单栏和工具栏，其选项根据当前活动透视图的不同而有所不同。可以将光标移动到胖客户端工具栏按钮上，以显示工具提示说明。图 1.3 所示为 Teamcenter 的胖客户端界面。Teamcenter 胖客户端界面说明见表 1.2。

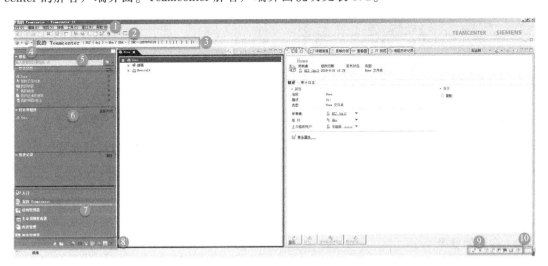

图 1.3　Teamcenter 的胖客户端界面

表1.2 Teamcenter 胖客户端界面说明

名 称	说 明
菜单	每个透视图都提供了一些常见的菜单命令和其他特定的菜单命令
工具栏	每个透视图都提供了一些特定的常用工具
应用程序横幅	应用程序横幅显示活动透视图的名称,并列出当前用户和角色。可以单击用户和角色以显示用户设置对话框,若用户使用多个角色,则可以在其中更改当前角色
"后退"和"前进"按钮	"后退"和"前进"按钮可供在加载的 Teamcenter 应用程序之间进行切换,按钮旁边的小箭头可用于从当前加载的应用程序列表中进行选择
快速搜索框	搜索框使用数据集、零组件 ID、零组件名称、关键字搜索和高级搜索功能提供预定义的快速搜索
导航窗格	导航窗格提供对最常使用的数据的快速访问。除查找、组织及访问数据以外,还可以配置 Teamcenter 透视图按钮在导航窗格中的显示,以便仅显示经常用于执行任务的透视图
"入门"和"我的 Teamcenter"应用程序按钮	提供对"入门"和"我的 Teamcenter"应用程序的访问
应用程序按钮	应用程序按钮可访问最常用的 Teamcenter 应用程序透视图
信息中心	信息中心的符号提供了所选对象的使用和引用信息、访问权限、子件计数和状态信息。要显示这些信息,请指向相应符号,信息将以工具提示的方式显示
"剪贴板"按钮	"剪贴板"按钮显示剪贴板内容对话框,其中包含对已从工作区剪切或复制的对象的引用。剪贴板上的对象总数显示在符号右侧

在 Windows 系统中,系统托盘的 Teamcenter 图标 显示胖客户端界面和 Teamcenter 服务器的操作状态,如图1.4所示。

若想要显示运行状态对话框,请单击系统托盘的 Teamcenter 图标,将显示 Teamcenter 的运行状态,如图1.5所示。

图1.4 系统托盘的 Teamcenter 图标

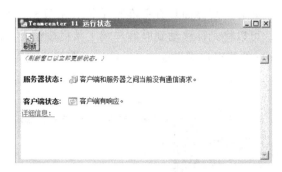

图1.5 Teamcenter 运行状态对话框

服务器和用户界面条件符号显示 Teamcenter 服务器和胖客户端界面的当前状态。Teamcenter 服务器的状态指示:① 服务器准备就绪,但客户端和服务器之间当前没有进行通信;② 服务器忙;③ 服务器空闲;④ 服务器已断开连接。胖客户端的状态指示:① 用户界面有响应;② 用户界面无响应。

1. 启动和登录

登录 Teamcenter 客户端时,将建立一个 Teamcenter 会话。在建立会话并运行 Teamcenter 后,即可打开用于执行任务的应用程序透视图(胖客户端)。

启动 Teamcenter 胖客户端，选择"启动"→"所有程序"→"Teamcenter"或者双击桌面上的 Teamcenter 图标，将出现如图 1.6 所示的登录界面。

胖客户端登录界面有以下字段：

（1）用户 ID　必填项。用户 ID 由系统管理员在组织应用程序中创建。必须提供一个有效的用户 ID，才能与 Teamcenter 进行交互。

（2）密码　必填项。密码由系统管理员在组织应用程序中创建。

（3）组　可选项。组是共享数据的用户的有组织的集合，一个用户 ID 可以属于多个组，但是必须指派给一个默认组。组由系统管理员在组织应用程序中创建。若未指定组，则使用与用户 ID 关联的默认组。

（4）角色　可选项。角色是面向功能的一群用户，模拟某些技能和/或职责。通常，可在许多组中找到相同的角色。角色由系统管理员在组织应用程序中创建。若未指定角色，则使用与组关联的默认角色。

（5）服务器　指定服务器为胖客户端会话提供数据库访问权。服务器是在安装期间配置好的。

2. 胖客户端导航窗格布局

胖客户端导航窗格（图 1.7）提供对最常用数据的快速访问。可以使用胖客户端导航窗格来查找与组织数据，以及辅助执行创建零件、创建数据集、将状态应用于零件等常见任务。

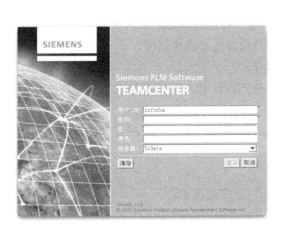

图 1.6　Teamcenter 胖客户端登录界面

图 1.7　胖客户端导航窗格

1）"搜索"对话框上方的"重新排序"按钮，可以显示"导航区域顺序"对话框，从而可以在导航窗格中隐藏区域或更改区域的顺序。

2）"快速打开搜索"使用数据、零部件 ID、零部件名称、关键字搜索和高级搜索功能提供预定义的搜索。

3)"快速链接"提供对"Home"文件夹、"我的工作列表"、"我的已保存搜索"及"我的链接"的访问。

4)"打开零组件"显示指向活动透视图中打开的零组件链接。

5)"历史记录"显示指向过去打开的 Teamcenter 对象的链接,将显示链接,而且最近关闭的对象显示在历史记录列表顶部。

6)"收藏夹"显示链接,指向已指定为收藏的 Teamcenter 对象。

7)"应用程序"按钮提供对 Teamcenter 应用程序的访问。

8)"应用程序"按钮条提供未显示在导航窗格中应用程序按钮区域的 Teamcenter 应用程序的访问。

9)"配置应用程序"按钮提供用户配置应用程序显示情况工具的访问。

3. Teamcenter 胖客户端透视图和视图

在 Teamcenter 胖客户端用户界面中,相关功能在透视图及视图中提供。一些应用程序使用透视图和视图来重新布置提供功能的方式,其他应用程序使用单个透视图和视图来提供信息。

(1) 透视图 作为透视图中存在的一系列视图和编辑器的容器。

1) 一个透视图可以在同一窗口中与任意数量的其他透视图共存,但一次只能显示一个透视图。在使用多个视图的应用程序中,可以添加或重新布置视图,以便在一个透视图内同时显示多组信息。

2) 可以使用当前名称来保存重新布置的透视图,或使用新名称来保存视图的新布置以创建新的透视图。

(2) 视图和视图网 在一些 Teamcenter 应用程序中,使用胖客户端视图和视图网,可以导览到信息层次结构、显示相关选定对象的信息、打开编辑器或显示属性。

1) 使用相关信息的视图通常会对其他视图的选择更改做出反应。

2) 在视图中对数据所做的更改可以立即保存。

3) 任何视图都可以在任意透视图中打开,视图的任意组合都可以在当前透视图或新的透视图中保存。

4) 视图网由一个主视图和一个或多个关联的次视图组成。视图网可以在单个视图文件夹或多个视图文件夹中进行布置。

实例 1-1 打开胖客户端透视图

可以在胖客户端中采用以下任何方式打开应用程序透视图:

1) 单击导航窗格中的应用程序按钮。

2) 从"窗口"打开透视图菜单中的"选择透视图"。

3) 在导览视图中选择一个对象,然后使用"发送到快捷菜单"命令选择应用程序。

4) 双击导览视图中的对象以打开与该对象类型关联的透视图。

例如,要在胖客户端中打开"我的 Teamcenter",可在导航窗格中单击"我的 Teamcenter"按钮 。如果"我的 Teamcenter"未列出,则检查导览窗格底部的应用程序按钮条中是否存在"我的 Teamcenter"按钮 。可以使用导览窗格底部的配置应用程序,在导览窗格中查找和放置"我的 Teamcenter"按钮。

实例 1-2　在打开的透视图之间切换

使用以下任何方法可从当前显示的打开的透视图更改为其他打开的透视图：

1) 使用工具条中的"后退"按钮 及其关联的菜单或〈Ctrl+Shift+F8〉可显示在当前应用程序之前打开的应用程序。

2) 使用工具条中的"前进"按钮 及其关联的菜单或〈Ctrl+F8〉可显示在当前应用程序之后打开的应用程序。

3) 按住〈Ctrl+F8〉以显示透视图菜单，然后放开〈F8〉并使用鼠标或键盘方向键来选择要显示的透视图。

实例 1-3　保存、重置或关闭胖客户端透视图

当调整出一个视图和视图网的有用布局时，可以通过下列步骤来保存当前活动的透视图：

1) 选择"窗口"→"透视图另存为"选项。

2) 输入透视图的新名称。

3) 单击"确定"按钮。

要将透视图恢复到默认状态，请选择"窗口"→"重置透视图"选项。所有默认视图将返回到它们的原始位置。可以在胖客户端中使用以下任何方式关闭应用程序透视图：

1) 单击应用程序横条中的"×"。若单击视图选项卡中的"×"，则仅关闭选定的视图，且应用程序透视图保持为活动。

2) 选择应用程序，然后选择"窗口"→"关闭透视图"选项。通过从导航窗格底部的"配置应用程序菜单" 选择命令，可以在导航窗格中配置应用程序的显示情况。菜单命令包含以下各项：①显示更多应用程序；②显示更少应用程序；③导航窗格选项。导航窗格选项对话框中的"添加" 按钮或"移除" 按钮，可在可用的应用程序列表与选定的应用程序列表之间移动应用程序。可在导览窗格中上下拖动窗扇以调整列表中显示的应用程序按钮数目。如果导航窗格无法包含所有应用程序，则超出窗格的应用程序将显示在"配置应用程序菜单" 底部。

4. 使用 Teamcenter 透视图

常用的 Teamcenter 透视图主要包括"我的 Teamcenter""结构管理器""可视化查看器""工作流程查看器"等。

1)"我的 Teamcenter"是管理个人产品数据的工作区，如零部件、文档、规格、需求等。"我的 Teamcenter"是许多常用功能的主要接入点，如创建零组件、签入/签出、任务管理和执行查询。

2) 使用"结构管理器"可以创建、查看和修改产品 BOM 数据和模型。"结构管理器"还可以管理在诸如 NX 之类的 MCAD（Mechanical Computer Aided Design，机械计算机辅助设计）程序中创建的产品结构。此外，"结构管理器"允许创建显示不同组件配置的一般物料清单。

3)"可视化查看器"分为内嵌的和独立的两种，可以满足非工程人员用户去应用设计数据、审核产品结构和对问题做出批注。

4)"工作流程查看器"可以展现可视化的界面以便用户查看流程的进度。

胖客户端可以在每个用户的基础上进行配置，在会话之间持续存在基于用户的客户端配置，包括：①在透视图中包含其他视图；②在新配置中保存提供的透视图；③根据提供的视图创建新的视图，删除或添加视图；④显示相同数据的不同视图或重新排列视图，以同时显示多组信息。

实例 1-4 在导览窗格中显示应用程序

对于想要显示在导览窗格中的各个应用程序，执行以下步骤：

1）单击导览窗格底部的"扩展" 》按钮并选择"导览窗格"选项，将出现如图 1.8 所示的"导览窗格选项"对话框。

2）在"导览窗格选项"对话框中，从可用的应用程序列表中选择应用程序，并使用"添加" ➕ 按钮将其移动到选定的应用程序列表中。使用选定的应用程序列表旁的"向上"按钮和"向下"按钮，可以更改应用程序的显示顺序。

3）单击"确定"按钮。

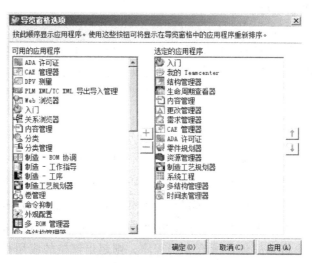

图 1.8　"导览窗格选项"中显示应用程序

1.6.4 "我的 Teamcenter"应用程序

"我的 Teamcenter"将产品信息显示为各种图形对象。每个用户都有自己独立的"我的 Teamcenter"透视图。因此，尽管用户可以在整个企业中与其他用户共享产品信息，但用户始终可以采用最适合用户个人需求的方式组织这些信息。

"我的 Teamcenter"透视图由组件视图组成，用于选择对象和导航层次结构，以及用于显示和使用摘要、细节、影响分析和相关信息的各种相关视图。

除了各种视图之外，用户界面还包括菜单、工具栏图标、符号和显示窗格。其中一些通常在 Teamcenter 中可用，而另一些则特定于"我的 Teamcenter"或 Teamcenter 中的特定场景中可用。

1. 我的 Teamcenter

可以使用"我的 Teamcenter"执行以下任务：

1）创建文件夹来组织常用的引用对象。

2）查看"Home"文件夹，以及"我的工作列表""我的项目""我的链接""我的已保存搜索"和"我的视图/批注"的内容。

3）执行和跟踪任务。

4）发送和接收邮件。

5）打开对象，自动启动相关的 Teamcenter 应用程序。

6）使用预定义查询在本地站点数据库和远程站点数据库中搜索对象。

7）将搜索结果与其他搜索或其他打开的搜索结果进行比较。

8）创建和管理零组件、零组件版本和数据集。

2. 默认视图

Teamcenter 胖客户端提供由多个视图组成的"我的 Teamcenter"透视图。

默认情况下，"我的 Teamcenter"透视图显示了导航窗格旁边的"Home"组件视图，以及摘要、详细信息、影响分析、查看器、JT 预览和过程历史视图。

可以在"我的 Teamcenter"透视图中使用其他视图，如"MS Word""搜索"和"简单搜索"视图。获取视图列表提供了 Teamcenter 透视图，选择"窗口"→"显示视图"→"其他显示视图"对话框，然后展开 Teamcenter 文件夹，如图 1.9 所示。

3. 在 Teamcenter 中快速查找对象

Teamcenter 搜索功能允许用户在 Teamcenter 数据库中查找数据。在导航窗格中"快速搜索"功能允许用户通过指定数据集名称、项目 ID、物品的名称或关键字来搜索数据。

可以使用"保存的查询"在 Teamcenter 数据库或作为多站点协作网络一部分的数据库中搜索用户的工作。

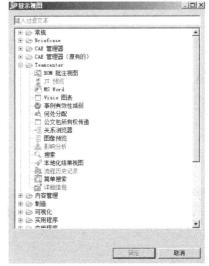

图 1.9　Teamcenter 文件夹

"保存的查询"可分为以下三大类：

1）已保存的搜索。这个类别包含先前运行的查询，并选择保存以供后续使用。可以在搜索列表中保存搜索和添加搜索的结果。在胖客户端和瘦客户端中，都可以共享保存的搜索。在胖客户端中，可以将共享限制为指定的用户组。

2）系统定义的搜索。这个类别包含由 Teamcenter 管理员定义的"标准查询"和"自定义查询"。"标准查询"允许用户通过公共参数（如项目标识符）进行搜索，"自定义查询"允许用户搜索站点或公司特有的数据。

3）搜索历史。这个类别包含最近运行的查询。默认情况下，列出最后 8 个查询，但是用户或管理员可以更改显示的查询数量。

实例 1-5　添加收藏

添加收藏的操作步骤如下：

1）右击对象，并单击"添加到收藏夹"选项，单击"确定"按钮，如图 1.10 所示。

2）在导览窗格查看收藏的对象，如图 1.11 所示。

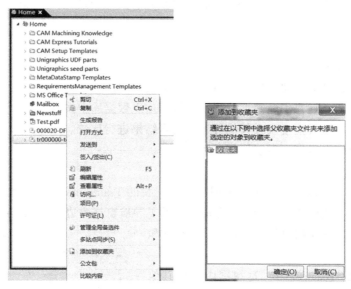

图 1.10 添加的收藏

3）在导览窗格的收藏夹位置单击"组织收藏夹"，可以定义收藏夹文件夹的结构，如图 1.12 所示。

图 1.11 查看收藏的对象

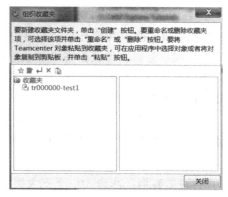

图 1.12 管理收藏夹文件夹的结构

4）单击 ☆ 创建收藏夹文件夹，输入名称，单击"确定"按钮，如图 1.13 所示。

图 1.13 创建收藏夹文件夹

5）选中创建完成的零组件收藏夹文件夹，可以对文件夹进行重命名。修改后，单击"确定"按钮，如图 1.14 所示。

第1章 产品全生命周期产品数据管理概述

图 1.14 修改收藏夹文件夹名称

6）选中添加到收藏的零组件"tr000000-test 1"，单击 ✖ 按钮删除，如图 1.15 所示。

图 1.15 删除收藏的文件夹

1.7 PLM 案例介绍

案例 1 国内一玻璃仪器制造企业，借助 PLM 加强研发系统数据协同

业务挑战：国内一玻璃仪器制造企业有员工 200 多人，用户职责、权限、任务分工界线模糊导致企业内部信息流转效率低下。

解决方案：对企业规划使用 Teamcenter 系统中的组织用户管理、工作流程管理、权限管理模块，在系统内搭建企业组织、角色、用户信息，以此为基础对相应的角色、相应的数据类型（如图样、管理文档）进行权限划分，同时通过流程管理定义各个数据流转环节，明确各个任务节点何人需要做何事。

应用效果：解决了企业内部研发系统信息流转低效、流转错误和权限职责不清等问题。

案例 2 国内某石油机械研究院，借助 PLM 提高研发效率

业务挑战：国内某石油机械研究院有研发人员 130 人，研发数据结构复杂、研发难度大，虽然企业已经积累 20 余年的研发经验，但是企业内部新、老员工交替频繁，研发数据归档制度不完善，导致企业研发数据重用率低下、研发周期长、成本高。

解决方案：对企业规划 PLM 系统的时间表管理器、结构管理器、分类管理、图文档管理、CAD 集成等功能模块；在项目管理的时间表管理器中细化研发任务并将任务信息（完成日期、任务责任人、交付要求等）下发至科室负责人或者直接任务责任人，从而实现研发任务下发、交付过程管理；在 CAD 集成及结构管理器中查看企业复杂 BOM 设计，通过结构管理器功能合理设置替换件、版本规则以快速、简便地查看 BOM 结构信息及图像信息；

在分类管理中将企业已有标准件、通用件、外购件、自制件分类划分管理并贴上类型属性标签。

应用效果：以此搭建企业产品知识库并通过权限划分解决新、老员工交替导致的数据丢失、以往研发过的产品利用率低下等问题。

案例3 某航天研究所，借力 PLM 加强仿真的变更管理

业务挑战：某航天研究所有设计、仿真人员50多人，由于产品质量要求高，故设计、仿真数据交互频繁。但是该研究所当前的仿真任务完全依靠邮件传递，且仿真内容频繁更改，导致仿真部门工作量大且仿真依据不唯一，浪费人力、物力。

解决方案：对该研究所规划使用 CAE 管理、工作流程管理、仿真工具集成、变更管理功能模块；要求设计人员下发仿真任务必须依据仿真委托流程进行任务委派，仿真部门不接受其他途径任务下发，此外，如果仿真信息发生更改，要求设计部门必须通过变更管理方式下发变更请求及变更通知，确保变更有据可循，如此实现设计仿真一体化管理；同时仿真部门使用 CAE 管理模块实现了仿真工具在线集成。

应用效果：改进了以往用本地仿真工具进行仿真工作的模式，大大提高了仿真效率与管理规范。

案例4 国内某电子公司，借力 PLM 加强企业协同

业务挑战：随着公司的快速发展，由于电子系统产品种类繁多，产品数据分散在多个系统中，数据源头不统一、重复存储、应用复杂且易出错，版本控制、检索及数据安全性也难以保证，无法实现机电一体化设计，工厂制造流程也没有统一的平台来管理。

解决方案：根据企业的实际业务流程，从零部件管理、流程及更改管理、多 CAD 集成管理、可视化管理、多 BOM 管理、标准件库管理、三维工艺、产品制造过程管理、知识经验库管理到 ERP 集成环节着手，控制统一的数据源，实现资源共享，加强产品设计过程控制，积累产品设计制造的经验库，加快响应速度，降低研发成本，提高研发效率及质量，提升企业研发数据的安全管理能力。

应用效果：通过系统实施，公司的产品设计到制造生产全部由 PLM 系统来控制，实现机电一体化协同开发，减少设计时间20%，提高数据重用率16%，减少设计更改50%，减少数据查找时间60%，加强了创新能力，增加了产品重用率，提高了市场响应力，同时也改善了企业的管理方式，提升了产品交付的客户满意度。

习 题

1. PLM 与一般的数据库、数据仓库或文件服务器有何区别？
2. PLM 与一般的企业业务系统或应用系统有何区别？
3. PLM 能解决企业的哪些问题？
4. Teamcenter 的两层架构和四层架构有什么区别？

第 2 章

产品全生命周期中的数据管理

2.1 电子仓库与文档管理

2.1.1 电子仓库

在企业中，大量与产品相关的数据往往分布在多个部门，甚至是多个区域中，而且这些数据的格式也是多种多样的，如文本文件、数据库文件、图样文件等。对这些数据的查询、浏览、共享及管理等，都是企业在进行信息集成时经常遇到的问题。PLM 的主要对象是产品的"元数据"，即有关产品信息的信息，其实现基础是电子仓库（Electronic Warehouse）。

电子仓库是 PLM 系统最基本的功能模块，也是 PLM 的核心，通常是建立在通用的关系数据库基础上，实现某种特定数据存储机制的"元数据"（管理数据的数据）库及其管理功能。它保存所有与产品相关的物理数据和文件的"元数据"，以及指向物理数据和文件的指针。该指针指向存放物理数据的数据库记录和存放物理文件的文件系统和目录，并支持查询和检索功能。当用户打开电子存储的电子仓库时，看到的是包含的对象及指针这样就屏蔽了对象存储的真实物理位置。用户获取该对象的备份时只需要将其复制到自己的用户空间即可。

电子仓库用于取代人工的纸质档案管理方式，使用户方便、快捷、安全地存取、维护及处理各种相关产品的文档，如设计阶段产生的 CAD 图样的数据文件、三维实体造型的数据文件、CAE 分析报告，以及制造阶段可能产生的变更单等，都是电子仓库管理的对象。

为了避免非授权或者非法用户访问，只有具有相关权限的用户才能使用存放在电子仓库中的文件，并且根据权限来控制该数据库中的数据文档、图样、技术文件等资料。

2.1.2 文档管理

1. 文档管理的对象

文档中存储了全生命周期过程中所有与产品相关的信息。它具有多种多样的形式，主要包括设计任务书、二维图样、三维模型、技术文件、设计标准、各种工艺、试验数据文件、技术手册、外来文件等。设计部门在设计过程中保持不变的静态文档主要包括设计规范、技术参数文件、外来文件等；而动态文档则包括在设计过程中生成的二维图样、三维模型、产品结构分析报告、技术文件、试验分析数据、有限元分析报告、专业估算报告等。

2. 文档的分类

文档的分类方式多种多样，可以根据文档来源、动静态特征、用途及存在的状态等来分类。其中比较常见的分类方法是根据文档的存在状态分类。

3. 文档管理的功能

（1）文档的浏览和索引　用户可以方便、快捷地根据文档的各种类型、设计状态、名称和归属等属性进行查询操作，同时也可以查询相关文档描述下的互相关联部件的情况。

（2）文档的分类归档管理　用户可以对不同属性的文档进行分类，使文档根据所属类型有序地排列在用户可视化系统之中。从而使系统中的文档分布更加规律，大大缩短了文档查找所需时间，并且可以使文档所描述的相关产品信息更加直观、简明。

（3）文档的版本管理　在进行各阶段设计时，用户不可避免地要对所做的各阶段设计进行修改。在这时，保证数据的准确性和一致性非常重要。通过这项功能，用户可以根据需要将每次更改的文档设置不同的版本，再描述出不同版本之间的对应关系，这样可以保证不同时间、不同部门、不同阶段的数据一致性。

（4）文档的安全管理　PLM 系统为每个仓库设置不同的权限，具有不同权限的用户只能在该权限许可的范围内进行文档的读取、修改、删除等操作，从而保证了文档不会被非法获取或修改，保证了文档的安全。其次，PLM 系统还提供了专门的放置共享文档的共享仓库，只要具有查询权限，用户就可以查看共享文档资料。此外 PLM 系统还能定期对文档进行备份。

2.1.3 电子仓库与文档管理的关系

电子仓库的设定使得用户对文档的分布共享与管理变得更加快速简便。如图 2.1 所示，符合权限要求的用户在电子仓库中存入

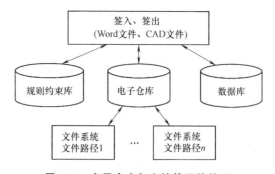

图 2.1　电子仓库与文档管理的关系

文档信息，文档的"元数据"会按照指定的路径自动存入数据库中，同时被打散的物理数据也会被放入指定的数据库中。而签入和签出操作正好相反，用户在签出文件时不必需要知道文档的具体存放位置。

2.2　数据类型与业务对象

2.2.1　基于对象的数据模型

面向对象的思想和技术常用于管理数据信息。在面向对象的基本概念中，对象是用于描述事物的一个基本单位，对象具有特有的属性和行为，对象之间具有相关关系，具有相同属性和相似行为的一组对象称为类。不仅可以通过自定义对象的方法描述一个具体的事物，满足企业对独有的数据类型的要求，也可以以对象的方法描述对象之间的关系，比如零件和图样对象的关系可以被定位为"引用"，而"引用"可以被定位为一种对象。

Teamcenter 使用面向对象的思想对产品全生命周期管理中涉及的数据信息进行管理。

第2章 产品全生命周期中的数据管理

Teamcenter 中的对象可分为业务项（Business Item）、数据项（Data Item）和存储项（Storage Item）三类。业务项用于描述与业务相关的数据信息，如零件之间的关系，只存在于 Teamcenter 的数据库中，没有任何文件系统的数据与它相对应；数据项是用于描述业务项的物理文件，不仅存在于数据库中，而且同时也有文件系统的数据或文件与它相对应，比如一个零件可以有一个或多个的数字模型文件（如 NX 的部件文件）来表示，数字模型文件单独存放于文件系统中；存储项则用来存放业务项和数据项，包括文件系统、数据库等。文件系统相当于 Teamcenter 的根目录，它决定了个人工作区和数据库的位置，便于系统管理。

2.2.2 以产品为中心的、结构化的数据组织与管理

在产品全生命周期过程中所产生的各类信息都可以认为是通过产品结构来组织的，只要找到产品结构中的一个节点就可以找到其他的相关数据，如图 2.2 所示。

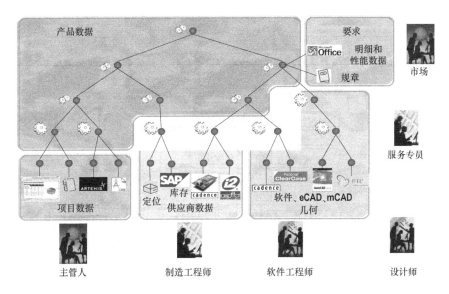

图 2.2 以产品数据为中心的数据管理

以产品结构为中心组织产品数据是最有效且最符合实际的产品信息组织方式工程师对此也最为熟悉。因此，Teamcenter 以产品对象（Item）为核心存放产品全生命周期中的所有信息，如部件、组件、流程、产品更改、需求和规范。这些对象存储在一个或多个数据库中，可以跨企业和用户进行共享，如图 2.3 所示。

2.2.3 零组件业务对象及基本结构

零组件及零组件版本是用于管理 Teamcenter 中信息的基本数据对象。零组件通常用于表示产品、部件或组件的结构，可以包含其他数据对象，包括其他零组件和文件夹。零组件可以视为包含与该零组件相关的所有数据的包，如图 2.4 所示。

每个零组件至少有一个零组件版本，每个零组件版本至少有一个序列 ID。零组件版本是用于管理零组件的数据对象，每个零组件版本都有一个或多个相关的序列 ID。签出操作会增加零组件版本的序列 ID，此时最近的序列 ID 将成为默认值。

零组件及零组件版本通过命名规则进行控制，命名规则可以在站点生效。这些规则由管

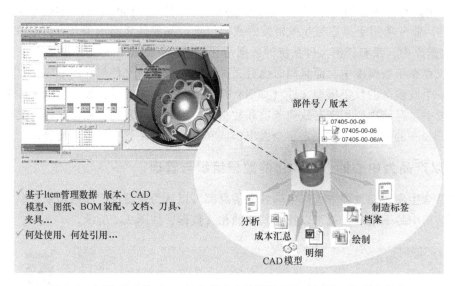

图 2.3 以产品对象（Item）为核心存放零部件生命周期中的所有信息

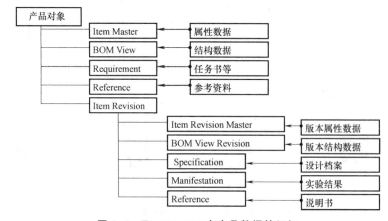

图 2.4 Teamcenter 中产品数据的组织

理员使用业务建模器（Business Modeler IDE）应用程序来管理。

Teamcenter 中的零组件是相关对象的结构。任何零组件的基本结构都包括以下最小对象（图 2.5）：

（1）零组件　包括适用于零组件所有版本的全局数据。

（2）零组件主属性（表单）　通常用于扩展零组件的存储属性数据。

（3）零组件版本　收集适用于零组件单个版本的数据。

（4）零组件版本主属性（表单）　通常用于为零组件版本扩展存储的属性数据。

客户属性可以添加到零组件和零组件版本及其子项中。

1. 零组件类型

"零组件"用于通用地描述系统中存在的所有类型的零组件。系统有几种通用零组件类型，包括零组件、文档、工程变更。

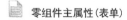

图 2.5 零组件的基本结构

2. 零组件/零组件版本

每个零组件（Item）都有至少一个零组件版本（Item Revision）。系统利用零组件版本来记录产品（零组件）对象的历史演变（更改情况），并通过零组件版本的追踪来保证用户取用的数据是最新、有效的。每当产品归档时，即可生成一个新版本。没有归档以前的图样修改不可作为一个版本，或者说，新版本的产生一定伴随有工程更改的发生。Teamcenter 系统保证零组件与零组件版本关联在一起，但两者的特性可以不同。

（1）零组件版本的序列 ID　创建零组件版本时，也会创建初始序列 ID，Teamcenter 会对其指派一个初始序列 ID。该序列 ID 将成为活动（或默认）序列 ID。关于零组件版本的序列 ID，有以下注意事项：

1）签出操作会使零组件版本的序列 ID 递增，最新的序列 ID 将成为默认序列 ID。

2）默认序列 ID 是唯一可以签入和签出的序列 ID。尝试签出非默认序列 ID 会导致出现错误。

3）对于零组件版本，在任意给定时刻都只能有一个序列 ID 处于活动状态。

4）序列 ID 不跟踪增量更改。

5）取消签出会使序列 ID 递减，并放弃已保存到数据库中的所有更改。

6）系统显示附加在零组件和版本后的序列 ID，并以分号与零组件版本分隔开，序列 ID 后面是连字符和对象名称。例如，零件 Bumper（缓冲器）的零组件版本"3540/A"的第三次签入将显示"3540/A；3-Bumper"。

7）默认情况下，系统仅显示活动的序列 ID。但可以使用搜索查询来显示某零组件的全部序列 ID。

（2）管理零组件版本的序列 ID

1）当创建新的零组件版本（如从版本 A 到版本 B）时，新版本将从第一个序列 ID 开始变更。

2）在签入时，系统在达到限制时自动删除最旧的序列 ID。

3）可以设置序列 ID 的免疫，以防止其被自动移除。

4）可以通过清理操作或删除操作从零组件版本中移除序列 ID。

3. 自动定义的产品数据对象关系

产品通常需要使用许多条或许多种信息的描述，这些信息从不同方面描述了产品的特性，如三维模型描述了产品的尺寸信息，CAE 文件描述了产品的动力学分析特性等。对应地，在 Teamcenter 中的零组件或零组件版本可以通过关系（Relation）来建立这些关联信息。

有些关系在创建零组件或零组件版本，或为其添加某些对象时，将自动完成多个零组件或零组件版本关系的创建。例如，将新的零组件版本添加到零组件时，会自动将新的零组件版本定义为一种版本关系。自动定义的关系有以下几种类型

1）零组件和零组件版本之间的版本关系。

2）零组件主属性（表单）和零组件版本主属性（表单）。

3）BOM 视图和 BOM 视图版本。

4）备选 ID，即当前零件的不同标识符，但表示相同零件。不同的组织和供应商可以有自己的零件号。通过备选 ID，可以使用命名方案查找所需的零件。

5）IMAN_Drawing，用于指定 NX 零件与图样数据集之间的关系。

另外，可通过系统参数配置，创建其他的自动定义的关系类型。

4. 用户指定的产品数据对象关系

除了自动定义的关系类型之外，还有用户定义的关系类型可将对象与零组件和零组件版本关联。通常，在使用"编辑"→"粘贴"或"编辑"→"选择性粘贴"命令将对象引用、粘贴到零组件或零组件版本时，会定义上述关系。

若管理员已为创建的关系对象的类型定义了必需属性，则会出现一个对话框。可供定义对象的属性值见表 2.1。

表 2.1 用户可指定的关系类型

关系类型	描述
规格关系	规格关系用于满足需求的具体方法、设计、流程及过程。只能建立与零组件版本的规格关系，不能建立与零组件的规格关系。尽管对产品（零组件）的需求可以保持不变，但是实际的制造方法、设计、流程和过程会因模型（零组件版本）不同而发生重大改变。该关系的内部名称为 IMAN_Specification
需求关系	需求关系是零组件或零组件版本必须满足的准则。但需求关系常常没有指定如何满足该准则。例如，与需求关系关联的对象可能会指定关联组件的最大重量，但不会指定组件的构造方法。该关系的内部名称为 IMAN_Requirement
附加关系	附加关系是引用数据集到文档版本的默认关系。这些关系在文档版本和数据集之间创建。该关系的内部名称为 TC_Attaches
表现关系	表现关系是零组件或零组件版本的某个特定方面在某一特定时刻非定义的快照。例如，数控（Number Control, NC）编程文件是一种常见的表现关系。我们认为它们表示零组件版本的某个方面（如加工信息），而且此信息只有在该零组件版本未更改时才是准确的。如果零组件版本发生改变，则数控编程文件就可能不再准确，而且可能需要重新创建。该关系的内部名称为 IMAN_Manifestation
引用关系	引用关系是数据对象与零组件或零组件版本的一般非定义关系。可将此关系类型当作杂项关系类型。引用关系的典型示例包括白皮书、区域报告、商业条款、顾客来信和实验室注意事项。该关系的内部名称为 IMAN_Reference
别名关系	别名关系用于指定零组件或零组件版本与标识符对象之间的关系，表示别名的定义方式。该关系的内部名称为 IMAN_Aliasid

2.3 Teamcenter 中的产品数据对象

Teamcenter 使用数据对象来表示产品数据，如部件、组件、流程、产品更改、需求和规范。这些对象存储在一个或多个数据库中，可以跨企业和用户共享。常用的 Teamcenter 数据类型/对象如下：

1. 零组件（Item）

管理 Teamcenter 信息的基本对象，代表产品、部件或零件对象的结构化表达，也包含其他数据对象，表示真实世界中的一个产品、部件或零件对象，也表示一个种类的集合等，例如某品牌某型号汽车的发动机总成、减振器、中控面板组件等。

实例 2-1 新建零组件

步骤如下：

1) 启动 Teamcenter 客户端。

2）进入"我的 Teamcenter",单击"文件"→"新建"→"零组件"命令,如图 2.6 所示。

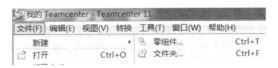

图 2.6　新建零组件-1

3）在"新建零组件"列表中选择"Part"选项,单击"下一步"按钮,如图 2.7 所示。

4）单击"指派"按钮,对零组件的序列 ID 进行指派,输入名称,单击"完成"按钮。如图 2.8 所示;

图 2.7　新建零组件-2

图 2.8　新建零组件-3

5）完成零组件的创建,如图 2.9 所示。

图 2.9　完成零组件"缸体"的创建

实例 2-2　删除零组件

步骤如下：

1）选中要删除的对象，单击工具栏中的"删除"按钮，如图 2.10 所示。

2）在弹出的"删除"对话框中，单击"确定"按钮，如图 2.11 所示。

图 2.10　删除零组件-1

图 2.11　删除零组件-2

实例 2-3　签入/签出零组件

1）右击要签出的零组件，在"签入/签出"命令的子菜单中单击"签出…"命令，如图 2.12 所示。

2）在"正在签出…"对话框中，单击"确定"按钮，如图 2.13 所示。

图 2.12　签出零组件-1

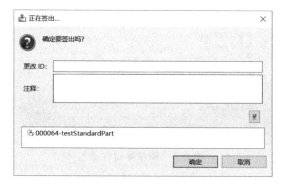

图 2.13　签出零组件-2

3）零件状态改成"已签出"，如图 2.14 所示。

4）右击已签出零组件，在"签入/签出"命令的子菜单中单击"签入…"命令，如图 2.15 所示。

图 2.14　已签出零组件的状态

图 2.15　签入零组件

5)"已签出"状态消失,如图2.16所示。

2. 零组件版本(Item Revision)

每个产品对象(Item)都有至少一个对象版本(Item Revision)。利用版本来记录产品对象的历史演变(更改情况),并通过版本的追踪来保证用户取用的数据是最新有效的。每当产品归档时,即生成一个新版本。没有归档以前的图样修改不可作为一个新版本,或者说,新版本的产生一定伴随有工程更改的发生。

实例2-4 修订零组件版本

步骤如下:

1)单击选中零组件版本,单击"文件"→"修订…"命令,如图2.17所示。

图2.16 已签入零组件的状态　　　　图2.17 修订零组件版本-1

2)输入新版本名称,单击"完成"按钮,如图2.18所示。

图2.18 修订零组件版本-2

实例2-5 在"我的Teamcenter"中打开零组件或零组件版本

在"我的Teamcenter"中打开零组件或零组件版本可在三窗格窗口中显示对象数据。在三窗格窗口中,可以应用版本规则过滤器对在设计过程中生成的零组件版本进行排序,如图2.19所示。

在"我的Teamcenter"中打开零组件或零组件版本:在"我的Teamcenter"树中选择零组件或零组件版本,选择"文件"→"打开"命令,选定的对象会出现在三窗格窗口中。

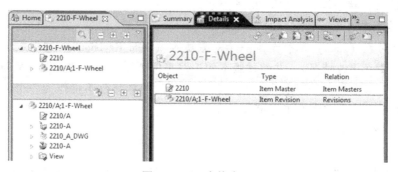

图 2.19 三窗格窗口

三窗格窗口显示零组件树（左上）和零组件版本树（左下），以及标准窗格和视图（右）。

打开零组件时，零组件及其所有相关零组件版本将显示在零组件树中，最新的零组件版本显示在零组件版本树中。

打开零组件版本时，关联零组件及其所有相关零组件版本将显示在零组件树中，打开的零组件版本显示在零组件版本树中。

实例 2-6 过滤我的 Teamcenter 中的零组件版本显示

在"我的 Teamcenter"中使用"版本选择"（Revision Selection）按钮来过滤零组件版本显示。零组件版本显示可以按版本规则，以及"已发放""处理中"或"工作中"版本状态的不同进行过滤，如图 2.20 所示。

版本规则和状态将在后面的课程中进行介绍说明。

过滤"我的 Teamcenter"中的零组件版本显示的不同方式：①在"我的 Teamcenter"树中选择对应的零组件或零组件版本；②单击"文件"→"打开"，或者从快捷菜单中选择"发送到"→"我的 Teamcenter"命令；③从三窗格窗口的左

图 2.20 过滤零组件版本显示

上方或左下方窗格的树中选择对应的零组件或零组件版本；④在上窗格与下窗格之间的工具条中单击"版本选择"按钮，系统将显示"版本选择"对话框；⑤使用"已发放""处理中"或"工作中"选择要应用于显示列表的过滤器，或是从版本规则列表中选择一个版本规则；⑥与过滤准则相匹配的零组件版本显示在对话框中，并按照从最新版本到最早版本的顺序排列；⑦在版本选择列表中选择一个对象，以将其显示在零组件版本窗格中。

3. 表单（Form）

表单和主表单是在预定义模板中显示特定产品信息（属性）的数据对象，也是存储零组件和零组件版本等对象属性信息数据的地方，如零件的颜色、重量、是否自制件等属性。零组件和零组件版本都有自己的表单用于存储各自的属性。

4. 数据集（Dataset）

（1）数据集的定义　每个产品对象均有一些具体的数据文件来描述其不同方面的详细

信息，如设计模型、计算说明、设计要求等。这些数据文件由不同的应用软件（如 CAD 软件、办公软件等）产生，具有不同的表现形式（如文本文件、图形文件等）。Dataset（数据集）提供了管理各类应用软件所产生的文件的手段。无论是技术说明文件还是 CAD/CAM/CAE 系统产生的图形数据文件，都可以以文件形式存放在 Teamcenter 系统中，如 Word、Excel、PDF、RAR 文件。

数据集为管理各类其他应用软件产生的、包含定义部件或产品的文档集提供了手段。可以把操作系统下生成或编辑文件的应用程序都安装到 Teamcenter 系统中，相应的文件可以作为数据集（Dataset）由 Teamcenter 系统进行管理。如 CAD、CAM、CAPP 和 CAE 系统产生的图形数据文件，都能以原来的形式或其他任何形式的计算机文件存放于 Teamcenter 系统中。Teamcenter 数据集一方面指向这些文件存在的电子仓库，另一方面也指明了可以对这些文件进行操作的程序。这样，当双击数据集时，相应的程序会自动打开该数据集的数据对象。数据集通常与零组件版本相关。常见的数据集类型的例子如图 2.21 所示。

标志	软件	文件扩展名	类型	例子
	Text	.txt	文本文档	
	Microsoft Word	.doc	Word 文档	
	Microsoft Excel	.xls	Excel文档	
	Direct Model	.jt	三维可视化模型	
	UGNX	.prt	NX prt 文件	

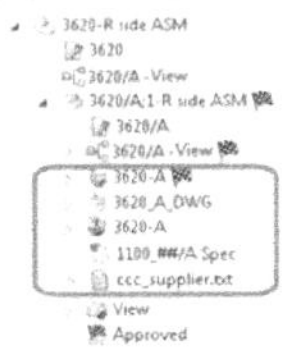

图 2.21 数据集类型的例子

（2）数据集版本　对数据集的编辑是在数据集版本中捕获的。保存更改到数据集时，将创建数据集的新版本，Teamcenter 继续添加数据集版本，直到达到版本限制。可以由 Teamcenter 管理员设置的版本限制，指定存储在数据库中的数据集版本的最大数量。

数据集版本的重点：①在连续修改数据集时，会向数据库添加新版本，系统总是会引用数据集的最新版本；②因为 Teamcenter 会隐藏其他数据集版本以减少混乱，所以通常只能看到最新版本的数据集；③默认版本是最新的；④数据集版本管理可用于还原数据集到前一个版本；⑤数据集版本管理可以用作创建现有数据集副本的基础；⑥当超过版本限制时（默认保留 3 个版本），将从数据库中清除数据集的最早版本。

实例 2-7　数据集创建的方法

要创建由 Teamcenter 管理的部件或产品的数据，必须将该数据与数据集联系起来。在 Teamcenter 中创建一个新的数据集，然后创建支持数据，将其导入 Teamcenter 并将其与现有数据集联系起来。

可以使用以下方法之一创建数据集：①通过使用菜单命令；②将文件从操作系统中拖到 Teamcenter 文件夹、零组件或零组件版本；③除了能够在导入文件之前选择数据集类型之外，还可以在选择数据集类型之前选择要导入的文件。

实例 2-8　创建新数据集

步骤如下：

1）启动 Teamcenter 客户端，使用 infodba 账户登录。

2) 进入"我的 teamcenter",点击"文件"→"新建"→"数据集"命令或者按〈Ctrl+D〉键,如图 2.22 所示。

3) 在"新建数据集"对话框中,输入数据集名称及描述[最多 240 个 ASCII(American Standard Code for Information Interchange,美国信息交换标准代码)字符],以帮助在描述框中识别此数据集,如图 2.23 所示。

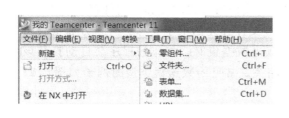

图 2.22 新建数据集-1

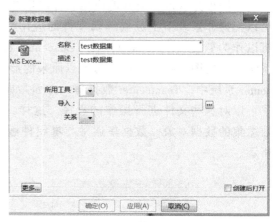

图 2.23 新建数据集-2

4) 选择要创建的数据集类型,可以通过单击"更多…"按钮查看更多类型数据集,如图 2.24 所示。

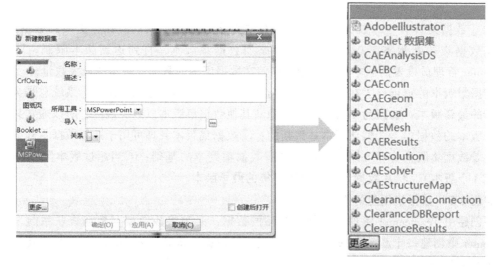

图 2.24 新建数据集-3

5) 选择要创建的数据集类型"MS Excel",输入数据集名称及描述,如图 2.25 所示;

6) 单击"导入"按钮,可以把本地的 Excel 文件上传,单击"上传"按钮,如图 2.26 所示。

7) 点击"确定"按钮,完成数据集的创建,如图 2.27 所示。

8) 数据集在 Teamcenter 中创建完成,如图 2.28 所示。

第2章 产品全生命周期中的数据管理

图 2.25 新建数据集-4

图 2.26 新建数据集-5

图 2.27 新建数据集-6

图 2.28 新建数据集-7

实例 2-9 查看数据集的"命名的引用"

步骤如下:

1) 右击"test 数据集"再单击"命名的引用…"命令,如图 2.29 所示。

2) 在"命名的引用"对话框中可以更改引用对象的名称,单击"打开"按钮,进行下载,如图 2.30 所示。

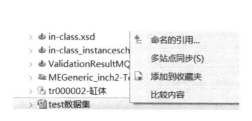

图 2.29 查看数据集的"命名的引用"-1　　图 2.30 查看数据集的"命名的引用"-2

实例 2-10 删除"命名的引用"

步骤如下:

1) 在工具栏单击"查询"按钮,如图 2.31 所示;

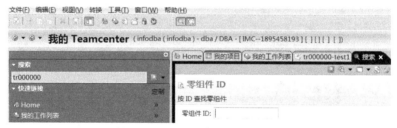

图 2.31 删除"命名的引用"-1

2) 单击 按钮选择"ImanFileNamedRefsQ 查询"命令,如图 2.32 所示。

图 2.32 删除"命名的引用"-2

3) 输入命名引用中对象的名称,如"1111*"。单击〈Enter〉键在查询结果视图中可以找到搜索出来的对象,如图 2.33 所示。

实例 2-11 删除数据集

步骤如下:

1) 选中需要删除的对象,在菜单栏中单击"编辑"→"修剪"命令,如图 2.34 所示。

第2章 产品全生命周期中的数据管理

图 2.33 删除"命名的引用"-3

图 2.34 删除数据集-1

2）单击"确定"按钮，完成数据集的删除，如图 2.35 所示。

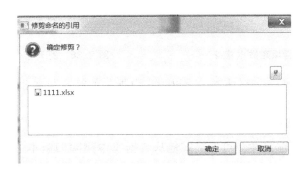

图 2.35 删除数据集-2

实例 2-12 使用拖拽方式创建数据集

步骤如下：

1）在文件系统窗口中，选择要添加的文件，并将其拖放到 Teamcenter 文件夹、零组件或零组件版本中，将会显示为"多个文件新建数据集"对话框，如图 2.36 所示。

图 2.36 为多个文件新建数据集-1

2）根据需要编辑信息，如数据集类型、所用工具、数据集名称等。

3）单击"确定"按钮，完成数据集的创建，结果如图 2.37 所示。

实例 2-13 还原数据集版本

还原到以前的数据集版本，以跟踪更改并撤消对数据集的更改。如图 2.38 所示。

步骤如下：

1) 选择一个数据集。

2) 单击"文件"→"打开方式"命令。

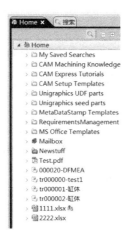

图 2.37 为多个文件新建数据集-2　　图 2.38 打开某个版本的数据集

3) 使用"Open With…"对话框，可以指定数据集的特定版本和/或用于当前编辑会话的特定软件应用程序（工具）。

实例 2-14 清理数据集版本

使用"编辑"→"清理"命令可以显式地从数据库中删除旧版本的数据集。要清理数据集版本，必须具有要清理的数据集版本上的读、写和删除特权，"清理"命令将从数据库中永久地删除数据集的旧版本，如图 2.39 所示。注意：当一个数据集被分配到一个发布状态时，所有早期的版本都会被自动清理。

实例 2-15 使用另存为创建新的数据集

使用"文件"→"另存为"命令，可以基于另一个数据集创建新的数据集，如图 2.40 所示。注意：当使用"Save As"命令复制数据集时，新数据集具有与原始数据集相同的类型并使用相同的软件应用程序（工具）。在此过程中不能更改这些特征。

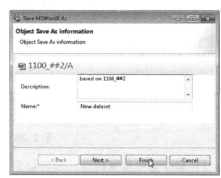

图 2.39 清理数据集的旧版本　　图 2.40 使用"另存为"创建新的数据集

5. 文件夹（Folder）

文件夹是一种数据组织和管理的对象，可以看作对象聚合的容器。可以使用文件夹来建立相关数据之间的挂靠关系，也可以通过建立上下层次的文件夹结构来分类和组织各种相关数据，类似 Windows 操作系统里的文件夹。Teamcenter 为每个用户提供了主文件夹，用户使用它来组织和共享个人数据。Teamcenter 文件夹与操作系统的目录是不同的。在 Teamcenter 中删除文件夹时，只会删除文件夹，而不会删除文件夹内的内容。

默认的文件夹包含"Home"（根文件夹）、"Mailbox"（邮箱）、"Newstuff"（临时文件夹）。这些文件夹由系统自动创建。用户一般在"Home"下建立自己的文件夹，用户把共享的数据也放在"Home"文件夹中，如图 2.41 所示。

（1）Home　在我的 Teamcenter 应用程序中使用的对象可放置在"Home"文件夹中，或放置在"Home"文件夹下的某些文件夹结构中。

（2）Mailbox　"Mailbox"文件夹是已发送给的任何 Teamcenter 邮件的接收点。在收到新的 Teamcenter 邮件时，会在"Mailbox"文件夹中看到邮件对象。

（3）Newstuff　"Newstuff"文件夹是新建的数据库对象的默认文件夹。可以将其他文件夹指定为新建数据库对象的默认位置。对象将保留在文件夹中，直到移动或移除它们为止。

实例 2-16　创建文件夹

步骤如下：

1）启动 Teamcenter 客户端，登录 Teamcenter；

2）进入"我的 Teamcenter"，在单击"文件"→"新建"→"文件夹…"，如图 2.42 所示。

3）在"新建文件夹"对话框中选择"文件夹"，单击"下一步"按钮，如图 2.43 所示。

4）输入文件夹名称及描述，点击"完成"按钮，如图 2.44 所示。

5）在"Home"选项卡下查看刚才创建的文件夹，如图 2.45 所示。

图 2.41　系统默认已建立的文件夹

图 2.42　新建文件夹-1

图 2.43　新建文件夹-2

图 2.44 新建文件夹-3

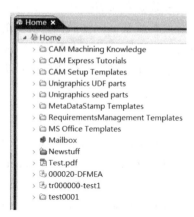

图 2.45 新建文件夹-4

实例 2-17 文件夹属性修改

步骤如下：

1）在文件夹的"汇总"选项卡下，右击需要修改的文件夹，单击"签出"按钮进行文件夹属性的编辑，如图 2.46 所示。

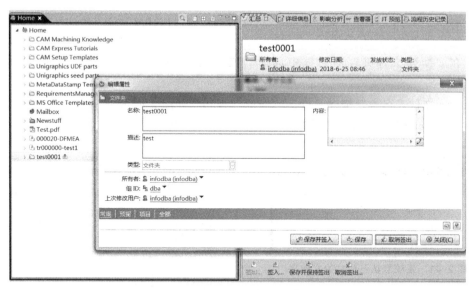

图 2.46 修改文件夹名称-1

2）重新定义名称为"test0002"，修改完成后单击"保存并签入"按钮，如图 2.47 所示。

3）单击"确定"按钮，文件夹名称被修改为"test0002"，如图 2.48 所示。

实例 2-18 删除文件夹

步骤如下：

1）选中"test0002"文件夹，按〈Delete〉键或单击工具栏中的"删除" ✕ 按钮对文件夹进行删除。

第2章　产品全生命周期中的数据管理

图 2.47　修改文件夹名称-2

图 2.48　修改文件夹名称-3

2）单击"确定"按钮，完成删除，如图 2.49 所示。

实例 2-19　移动文件夹的位置

步骤如下：

1）在 Teamcenter 中选择一个文件夹，点击"View Menu" ▽ 按钮，如图 2.50 所示。

图 2.49　删除文件夹

图 2.50　移动文件夹位置-1

037

2)选择使用"Move"命令。例如:单击"Move"→"Up",把需要移动的对象向上移动,如图2.51所示。

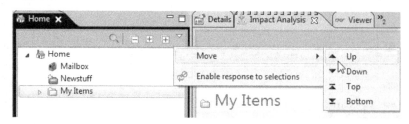

图2.51 移动文件夹位置-2

6. 伪文件夹

"伪文件夹" 是系统内对象之间关系的虚拟表现之间形式(实际上是一种关系的文件夹表达方式而非文件夹),在Teamcenter中存储和显示项之间修订关系的特殊容器。因为伪文件夹是在层次结构中配置的,"伪文件夹"虽然显示关系,但不是Teamcenter中的物理文件夹对象,所以可以让用户轻松地查看和导航到与当前对象相关的对象。

关于"伪文件夹",应注意以下几点:

1)Teamcenter自动创建伪文件夹来显示许多项类型的关系。

2)用户可以使用"首选项"命令来指定对象的节点下显示为伪文件夹的属性,如图2.52所示。

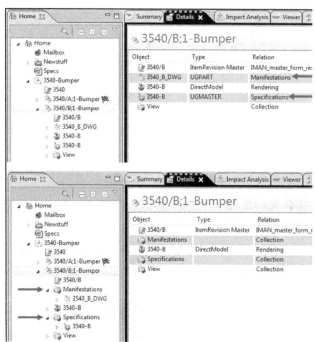

图2.52 伪文件夹显示关系

7. BOM(Bill of Material,物料清单)视图与BOM版本视图

BOM视图用于管理与项目相关的产品结构信息,BOM版本视图适用于管理零组件版本的产品结构。有关BOM视图的内容将在第三章详细阐述。

2.4　产品数据对象的属性

每一个对象都有对应的属性。与数据对象关联的属性可以在"汇总表"或"属性表"对话框中查看对象属性,如所有权、描述和度量单位,也可以通过"属性"(Properties)对话框对单个或多个对象的属性进行查看和修改,如图2.53所示。

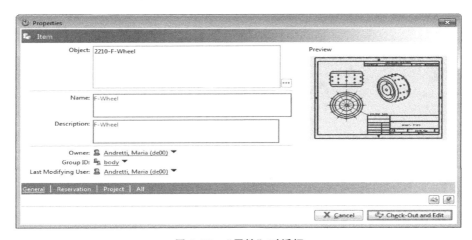

图2.53　"属性"对话框

属性的修改可以通过类型和关系过滤器自动地传播到相关对象,如图2.54所示。

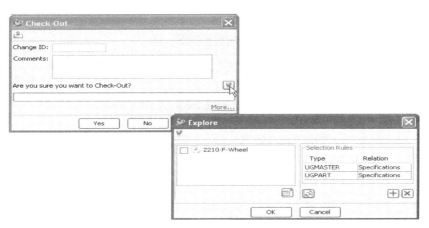

图2.54　属性修改

实例2-20　修改属性

步骤如下:

1) 右击需要修改属性的零组件,单击菜单中的"编辑属性"命令,如图2.55所示。

2) 弹出"正在签出"对话框,点击"确认"按钮。如图2.56所示。

3) 确认签出后,数据会有状态标识,表示该数据已经被签出,如图2.57所示。

4) 可在"编辑属性"对话框中修改属性,选择"常规""预留""项目""全部"四个选项来切换界面,并选择自己想要修改的属性,如图2.58所示。

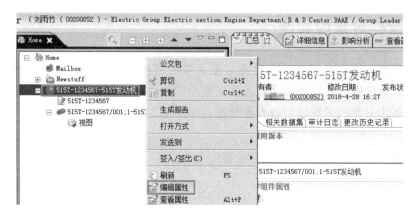

图 2.55 修改属性-1

图 2.56 修改属性-2

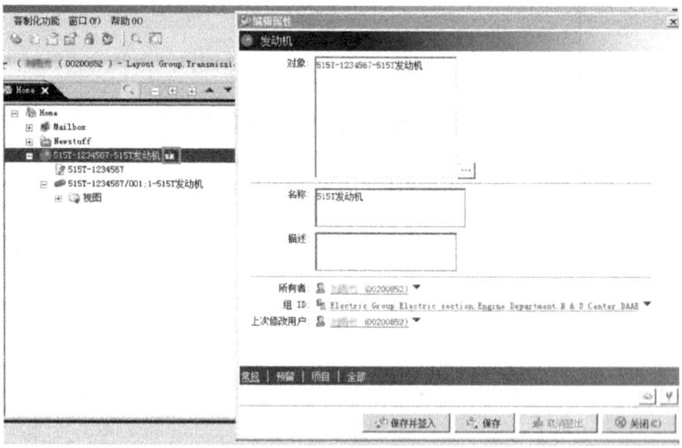

图 2.57 修改属性-3

图 2.58 修改属性-4

5）属性编辑完成，单击"保存并签入"按钮，使数据还原到签入状态，如图 2.59 所示。

6）弹出"正在签入…"对话框，点击"确定"按钮完成数据签入。可观察到数据后面的签出状态解除，如图 2.60 所示。

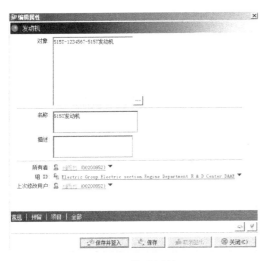
图 2.59　修改属性-5

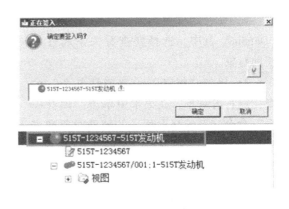
图 2.60　修改属性-6

实例 2-21　同时修改多个对象的属性

步骤如下：

1）从树或属性表中选择多个要修改的对象，单击"编辑"→"属性"命令，或者右击需要修改的对象，在菜单中单击"编辑属性"命令，如图 2.61 所示。

2）选择与要修改的属性值相对应的单元格。可以选择单个单元格、同一列中的多个单元格或列中的所有单元格。要选择所有单元格，请单击列标题。在对话框顶部的附加选项/框中，输入或选择一个新值，如图 2.62 所示。

图 2.61　修改多个对象的属性-1

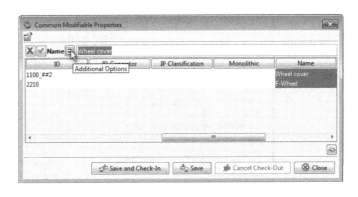
图 2.62　修改多个对象的属性-2

3）单击"启用更改" ✓按钮/或按〈Enter〉键。

4）单击"Save and Check-In"按钮、"Save"按钮、"Cancel Check-Out"按钮

或"Close" ❌ 按钮。如果在更新过程中发生错误，会出现一个对话框的对象和属性失败的错误报告，此错误报告可以保存或打印到HTML（Hyper Text Mark-up Languaye 超文本标记语言）或文本文件中。

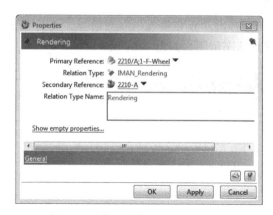

实例 2-22 修改单个关系对象的属性

步骤如下：

1）在"组件视图"、"tree 窗格"或"Details"表中，选择要查看关系属性的辅助对象。

2）单击"编辑"→"属性关系"命令，或右击对象，在菜单中单击"属性关系"命令，系统显示所选的辅助对象和主要对象之间关系的属性，如图 2.63 所示。

图 2.63 修改单个关系对象的属性

3）根据需要修改属性值，单击"OK"或"Apply"按钮保存。

2.5 业务对象应用视图

Teamcenter 通过"汇总"、"详细信息"、"查看器"、"影响分析"、"JT 预览"和"流程历史记录"等选项卡实现对业务对象相关信息的查看。

1. 汇总

"汇总"选项卡显示对象的所有者、属性、可用版本、相关数据集、审计日志和更改历史记录等，如图 2.64 所示。

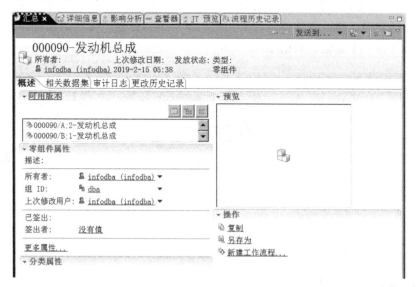

图 2.64 "汇总"选项卡

2. 详细信息

"详细信息"选项卡显示属性表，列出特定对象的详细信息，如图 2.65 所示。

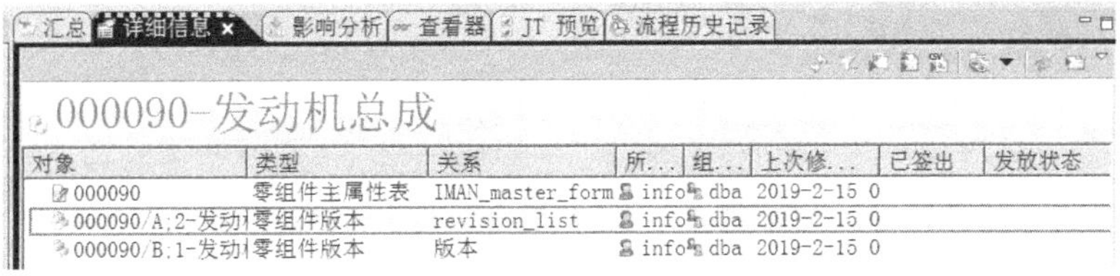

第2章 产品全生命周期中的数据管理

图 2.65 "详细信息"选项卡

用户可以配置数据在整个胖客户端接口的表窗格中显示的方式。在应用程序表窗格（如结构管理器）中配置数据显示的方法与在视图表中配置数据显示的方法不同，比如在 Teamcenter 中配置详细视图，使用任一方法配置表数据显示之后，可以将配置应用到当前表，或者保存配置，并在需要查看数据的时候应用它。

要配置视图表中的数据显示，在"详细信息"选项卡中单击"视图菜单"按钮，并从菜单中选择适当的命令，如图 2.66 所示。

图 2.66 "视图菜单"

（1）配置详细信息属性列

1）在"详细信息"选项卡中单击"视图菜单" ▼ 按钮，在"视图"菜单中单击"列…"命令，如图 2.67 所示。

2）在"列管理"对话框中单击"添加" ▶ 按钮或"删除" ◀ 按钮，如图 2.68 所示。

3）在"显示的列"列表框的右边，单击"向上移动" ▲ 按钮或"向下移动" ▼ 按钮，以调整"显示的列"的顺序，如图 2.69 所示。

4）单击"应用"按钮完成"显示的列"的修改，如图 2.70 所示。

图 2.67　配置详细信息属性列-1

图 2.68　配置详细信息属性列-2

图 2.69　配置详细信息属性列-3

图 2.70　配置详细信息属性列-4

(2) 对表中的数据排序

1) 单击"详细信息"选项卡中的"视图"按钮,如图 2.71 所示。

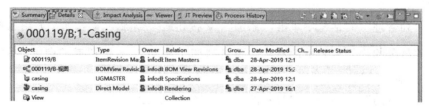
图 2.71　详细信息表格排序-1

2）从菜单中单击"排序…"命令，如图2.72所示，将显示排序对话框，如图2.73所示。表中的数据可以按照递增或递减顺序排列，最多可用三种属性作为排序依据。

图2.72　详细信息表格排序-2

3）从排序依据部分的列表中选择将作为排序依据的主属性。选择升序或降序以指定属性值的排序方式。

4）（可选）从对话框的每个次级排序依据部分的列表中选择属性，选择最多两个附加属性以用作排序依据。选择升序或降序以指定属性值的排序方式。

5）单击"OK"按钮对表中显示的属性值排序，或单击"cancel"按钮关闭排序对话框而不对属性值排序。

3. 查看器

查看二维/三维格式对象。若选择多个对象查看，则每个对象作为单独的cell显示。有些对象有相关的查看器，例如图像文件显示，有些没有相关的查看器，如一个文件夹。可以通过一个通用的查看器显示该对象的属性，有时这些属性是可以编辑的，如图2.74所示。

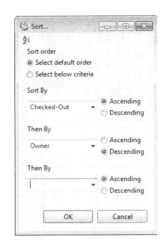

图2.73　详细信息表格排序-3

图2.74　"查看器"选项卡

4. 影响分析

搜索选中对象，特别是可以搜索零组件的使用情况和各类对象的引用情况，如图2.75所示。

1）上方工具栏选择何处："使用"还是"引用"，根据选择的是"引用"或"使用"，选项卡上会动态显示进一步的不同的约束条件。

2）"引用"可以按照数据类型或关系进行细化搜索；"使用"可以按照版本规则进行筛选，也可以按照零组件类型进行过滤等细化操作。

3）上方工具栏的"深度"，可选择"一级""顶级"或是"所有级"。

4）可以从搜索结果中快速查找输入的对象。

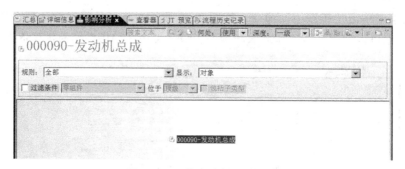

图 2.75 "影响分析"选项卡

5. JT 预览

在"JT 预览"选项卡中可以实时预览 JT 三维模型,如图 2.76 所示。

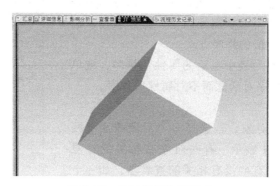

图 2.76 "JT 预览"选项卡

2.6 复制/剪切/粘贴/签入/签出/修订/另存/打印操作

1. 复制/剪切/粘贴操作

Teamcenter 中数据与数据指针的关系如图 2.77 所示。可以通过以下操作在工作区中移动相关数据:

(1) 剪切 从一个 Teamcenter 应用程序(如我的 Teamcenter)或某个信息对象中"剪切"业务或数据对象,"剪切"仅仅是将数据的连接指针移除,即对信息对象的引用,并不是从数据库中删除实际对象。配合"粘贴"使用,可将数据移动到另一个 Teamcenter 应用程序(如结构管理器)或信息对象中。

(2) 复制 将数据的指针"复制"到剪贴板,数据库中的数据对象仍然只有一份。配合"粘贴"使用,可将数据对象从一个 Teamcenter 应用程序(如我的 Teamcenter)或某个信息对象中,"粘贴"到另一个 Teamcenter 应用程序(如结构管理器)或某个信息对象中。

(3) 粘贴 将剪贴板中的数据对象指针"复制"到目标处,数据的引用将增加,但数据库中的数据对象仍然是唯一的,只是在复制的对象与目标对象之间创建关系,如所选文件夹或零组件。在"粘贴"之前,要为数据对象引用选择正确的目标位置,且必须具有目标对象的读写权限。

第2章 产品全生命周期中的数据管理

(4) 选择性粘贴 在将对象引用"粘贴"到零组件或零组件版本时需要指定关系类型，而不使用默认粘贴关系。比如将一个已复制到系统剪贴板上的对象引用作为 URL（Uniform Resource Locator，统一资源定位系统）"粘贴"到 Teamcenter 环境之外。在 Teamcenter 环境外部，可以通过单击该 URL 来访问数据对象。此操作可以启动 Teamcenter 并在我的 Teamcenter 中显示数据。

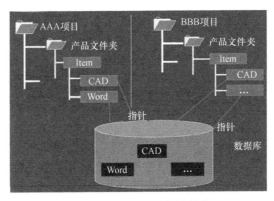

图 2.77 数据与数据指针的关系

实例 2-23 数据对象的剪切/复制/粘贴操作

步骤如下：

1) 右击所需复制的数据，单击菜单中的"复制"命令，或者选择"编辑"→"复制"，或是单击工具栏的"复制"按钮，将所选数据复制到剪贴板中，如图 2.78 所示。

2) 右击数据要粘贴的位置，单击菜单中的"粘贴"命令，或者选择"编辑"→"粘贴"，或者点击工具栏的"粘贴"按钮，将剪贴板中的数据粘贴到选择的文件夹中，如图 2.79 所示。

图 2.78 数据对象的复制-1　　　　　图 2.79 数据对象的复制-2

2. 签入/签出操作

数据的签入/签出操作是对数据的独占访问权，确保数据同一时间只能由同一用户进行编辑修改，从而保证了 Teamcenter 系统中数据的唯一准确性，并保证了用户修改的有效性。对某个数据对象"签出"，它的作用是在数据库中锁定对象，以便只有签出者才能修改此对象，其他用户（包括具有对数据修改权限的用户）对此数据均不可进行修改。“签入”与“签出”操作相反，它的作用是签出者已完成数据对象的编辑，解除在数据库中对该对象的锁定，系统可对该数据执行常规的权限控制，如图 2.80 所示。

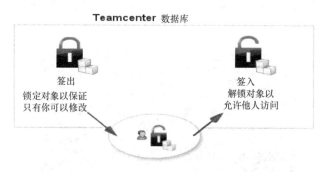

图 2.80　签入及签出

可以“签出”的 Teamcenter 数据对象包括对象文件夹、零组件和零组件修订版、数据集、表单，以及 BOM 视图和 BOM 版本视图。

在 Teamcenter 中，数据的签入/签出操作分为自动和手动两种方式：

（1）手动签入/签出数据　手动设置数据对象（包括零组件、文件夹、数据集等）的签入/签出状态，当手动设置数据为“签出”状态时，即使关闭修改数据的窗口，甚至关闭 Teamcenter 系统，该数据也会一直保持“签出”状态，直至手动将该数据设为“签入”状态才会改变。手动签出数据适用于数据需要进行长时间的修改，避免他人误修改时使用。要签出一个对象，必须满足对象不能被其他用户签出、具有对对象的写访问权限、不是归档对象这几个条件。

（2）自动签入/签出数据　当打开数据对象（包括零组件、文件夹、数据集等）进行编辑、修改等操作时，系统将自动将数据置为签出状态，如图 2.81 所示。

Newstuff

对象	类型	关系	所有者	组 ID	修改日期	已签出	发放状态
ValidationResultMQCXML	XMLReportFor...	内容	infodb...	dba	2011-7-20 21:12		
table	分配映射主属...	内容	infodb...	dba	2011-8-11 13:51	✓	
00000001	HHM产品项目	内容	Amy (01)	PLMteam	2011-8-30 11:44		
用户操作手册	PDF	内容	infodb...	dba	2011-9-07 16:45	✓	

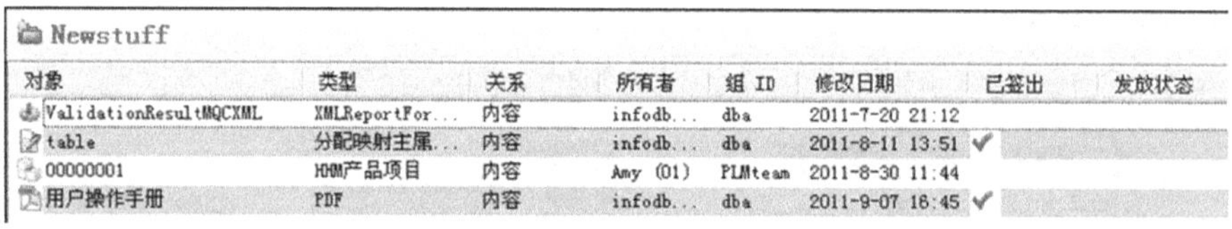

图 2.81　自动签入/签出数据

当修改完毕，关闭进行修改的窗口或修改的软件后，该数据将自动“签入”，“签出”状态取消。

手动签出与自动签出有以下区别：

1）自动签出是自动的，在打开数据集进行修改时发生。修改完成后，数据集将自动签入数据库。

2）不能使用菜单命令启动自动签出操作。

3）自动签出操作在历史文件中没有记录。

4）当自动签出发生时，“通知列表”中包含的用户不会被通知。

5）当用户在“查看器视图”处于活动状态时选择另一个对象，会释放“查看器视图”

中的自动签出锁。若只选择另一个视图（如 Summary 或 Details 视图），则不会释放签出锁。

实例 2-24　零组件的签入/签出操作

手动设置数据签入/签出的步骤：

1）选择要设置"签出"的数据对象，如 PDF 文件。

2）右击该对象，在"签入/签出"的子菜单中单击"签出"命令，如图 2.82 所示。

3）或在菜单栏中选择"工具"→"签入/签出"→"签出"，在弹出的询问框中，单击"确认"按钮，如图 2.83 所示。再详细信息视图中，"已签出"的状态将显示为"Y"，如图 2.84 所示。

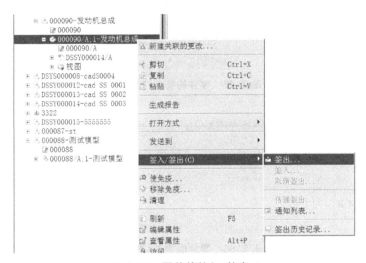

图 2.82　零件的签入/签出-1

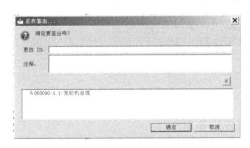

图 2.83　零件的签入/签出-2

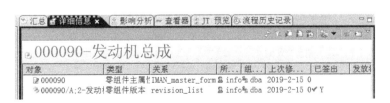

图 2.84　零件的签入/签出-3

4）当需要进行手动签入数据时，则可以选择要设置"签入"的数据对象，右击该对象，在"签入/签出"子菜单中单击"签入…"命令，或在菜单栏中选择："工具"→"签入/签出"→"签入",在如图2.85所示弹出的询问框中,单击"确定"按钮,如图2.86所示。将选择的数据设置为"签入"状态,如图2.87所示。

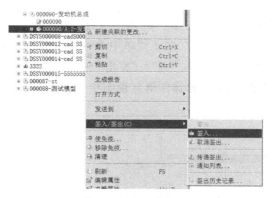

图2.85 零件的签入/签出-4

图2.86 零件的签入/签出-5

图2.87 零件的签入/签出-6

实例2-25 部分签出与传递签出

步骤如下:

1)单击"浏览选定的组件"进入"浏览"对话框,如图2.88所示。

图2.88 "部分签出"与"传递签出"-1

2）单击"展开选择所有组件" 按钮可以展开结构树，可以在右侧"选择规则"中添加或移除签出对象，完成后单击"确定"按钮，如图 2.89 所示。

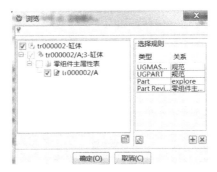

图 2.89 "部分签出"与"传递签出"-2

3）单击"确定"按钮，完成对象的"签入"操作，如图 2.90 所示。

图 2.90 "部分签出"与"传递签出"-3

4）选择已经签出的数据集，选择"工具"→"签入/签出"→"传递签出…"，如图 2.91 所示。

5）在"传递签出"对话框中，选择新用户 user1，如图 2.92 所示。

图 2.91 "部分签出"与"传递签出"-3　　图 2.92 "部分签出"与"传递签出"-4

6）单击"是"按钮，完成"传递签出"，如图 2.93 所示。

7）选择"工具"→"签出/签出"→"签出历史记录中…"可以查看当前对象的签出历史，如图 2.94 所示。

8）单击"关闭"按钮退出查看，如图 2.95 所示。

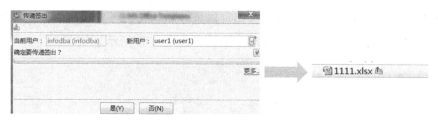

图 2.93 "部分签出"与"传递签出"-5

图 2.94 "部分签出"与"传递签出"-6

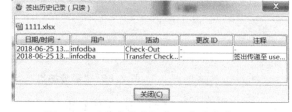

图 2.95 "部分签出"与"传递签出"-7

3. 另存/修订操作

另存 "另存"是把系统已存在的数据对象另存为新的数据对象。通过"另存"操作，数据库中会复制一个新的数据对象。

修订 当创建一个零组件时，系统会自动创建一个零组件版本，默认版次为 A。若需要对零组件版本进行升级，则通过"修订"操作完成。

实例 2-26 另存

以零组件为例，另存的操作步骤：

1）选中要"另存"的对象，在"文件"菜单单击"另存为"子菜单。

2）在"零组件另存为"窗口，填写相关属性，单击"完成"按钮，新的零组件对象"发动机总成 02"创建成功。新的对象将在"Newstuff"下显示，如图 2.96 所示。

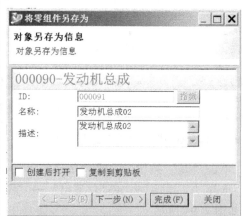

图 2.96 另存操作

实例 2-27　修订

修订的操作步骤：

1) 选中要修订的版本，在"文件"菜单选择"修订…"命令。

2) 在弹出的"修订"对话框中，自定义 ID/版本名称，而版本号自动变更为 B（以此类推，在第二次修订后，版本号自动变更为 C），单击"完成"按钮，新的版本就被创建在了相同的零组件下，如图 2.97 所示。

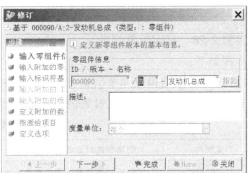

图 2.97　修订操作

4. 打印操作

使用"文件"菜单中的"打印"和"打印…"命令，可以显示、格式化、保存且/或打印关于 Teamcenter 对象的以下类型的信息：

1) 所选对象及其子件对象的层次结构。例如，可以选择一个文件夹并显示其所有的第一层子件，或者可以输入要显示的子件层。这允许显示并打印结构的所有层。

2) 所选对象（仅第一层子件对象）的层次结构，包括对象属性和对应的值。

3) 所选对象的属性及其对应的值。

4) 在应用程序窗口中出现的活动 Teamcenter 表或搜索引用器窗格。

"打印"和"打印…"操作只能打印与单个选定对象相关的信息。表 2.2 描述了基于所选对象类型的打印选项及每个选项的预期输出，仅描述打印对话框中的对象属性和内容选项。打印对话框中的应用程序选项能够打印 Teamcenter 窗口中出现的活动的表、树形显示或搜索引用器窗格。

表 2.2　"打印"与"打印…"操作

选定对象类型	"文件"→"打印"	"文件"→"打印…"
文件夹	显示文件夹及其第一层子件对象	对象属性显示文件夹属性，内容显示文件夹及指定级别内的子件对象
表单	显示表单属性	对象属性可显示与表单有关的属性，表单属性显示特定表单的属性值

（续）

选定对象类型	"文件"→"打印"	"文件"→"打印…"
零组件或零组件版本	显示零组件或零组件版本及其第一层子件对象	对象属性显示零组件或零组件版本的属性,内容显示零组件或零组件版本及指定级别内的子件对象
BOM 行	显示当前在结构管理器中显示的 BOM 行结构	对象属性显示 BOM 行属性,内容显示在结构管理器中显示的 BOM 行的结构
数据集	显示数据集的属性	对象属性显示数据集的属性,数据可启动与数据集关联的工具并在该工具中显示相应内容。例如,如果选择了文本数据集并在菜单栏选择"文件"→"打印…"→"数据",那么可以在所用工具中选择文本编辑器并查看与该数据集关联的文件的内容
其他	显示工作区对象的属性	对象属性显示所选工作区对象的属性,内容显示对象及指定级别内的子件对象

实例 2-28 打印对象信息

步骤如下:

1) 选择树形结构或详细信息表中的对象并在菜单栏选择"文件"→"打印…"。
2) 对话框的内容视所选对象的类型而异。选择表 2.3 中内容选项之一。

表 2.3 打印对象信息

对象属性	创建所选对象的属性报告。
内容	创建所选对象的内容报告。选择内容选项之后,级别文本框将被激活,从而允许定义要报告的内容的级别。增加内容的级别类似于展开树结构中的节点。例如,若在级别框中键入"1",则报告中将包括所选对象及其主要组件。若在级别框中键入"2",则报告中将包含所选对象、其主要组件及主要组件的子件。可以继续增加级别直到达到结构的底部为止
应用程序(HTML/文本)	以 HTML 格式创建所选对象属性的表格报告
应用程序(图形)	创建活动表在应用程序窗口中显示时的图形报告。若选择了该选项,则结果将被直接发送到打印机。没有预览报告和设置报告格式的选项

3) 单击"确定"按钮。
4)（可选）修改打印格式设置。
5) 单击"打印" 按钮或保存 按钮来打印或保存输出。
6) 单击"关闭"按钮。

实例 2-29 打印属性对话框中的对象信息

步骤如下:

1) 从树或详细信息表中选择一个对象。
2) 在菜单栏选择"视图"→"属性"命令。
3) 单击对话框右下角的"打印" 按钮,系统将显示打印对话框。
4)（可选）将打印格式更改为文本（HTML 是默认打印格式）。
5)（可选）修改打印格式设置。
6) 若要保存文件,则在 Web 浏览器中打开或发送到打印机,并完成适合文件类型和所需输出的过程。

在 Web 浏览器中打开 HTML 文件：

1）单击在 Web 浏览器中"打开" 按钮，系统显示 Web 浏览器窗口。

2）执行浏览器的"打印"命令。

3）返回到 Teamcenter 窗口并单击"关闭"按钮。

打印文本或 HTML 文件：

1）单击打印对话框右下角的"打印" 按钮。系统将显示打印对话框。

2）选择文件要发送到的打印机。可以接受默认打印机，或是从列表中选择其他打印机。

3）单击"打印"按钮。

4）单击"关闭"按钮。

将输出另存为用户指定的（HTML 或文本）文件：

1）单击打印对话框右下角的"保存" 按钮，系统显示保存对话框。

2）浏览到要将文件保存到的目录位置。

3）在文件名框中键入文件的名称，包括 .htm、.html 或 .txt 扩展名。

4）单击"保存"按钮。

5）单击"关闭"按钮。

习　题

1. Teamcenter 中数据组织的一般原则是什么？

2. 掌握、理解并简述 Teamcenter 数据对象的概念：

1）零组件/零组件版本。

2）数据集。

3）表单。

4）文件夹与伪文件夹。

5）对象属性。

6）对象关系。

3. 简述数据集版次的概念。数据集版次与版本有什么区别？

4. 简述 Teamcenter 中对数据对象的剪切/复制/粘贴/删除操作的含义？

5. 简述 Teamcenter 中另存、修订、打印三种操作的含义？

6. 简述签入/签出操作的含义？Teamcenter 中可以执行签出操作的数据对象有哪些？自动签出（隐性签出）与手动签出（显式签出）有哪些不同之处？

第 3 章

产品结构管理和配置管理

产品结构管理是指对产品层次关系和关联到产品结构上的各种设计、制造信息的管理，配置管理是指对产品结构进行设计或在特定条件下进行重新编排。

3.1 基础知识

3.1.1 BOM 管理

1. BOM 定义及作用

狭义上的 BOM（Bill of Materials）通常称为"物料清单"，就是指产品结构（Product Structure）。仅仅表述的是对物料物理结构按照一定的划分规则进行简单的分解，描述了物料的物理组成。一般按照功能进行层次的划分和描述。从不同的系统角度来看，BOM 的含义具有一定的差别。从研发人员角度来看，研发人员主要在 CAD 系统中绘制产品总成图或部件图。BOM 是一种产品结构的技术描述文件，它表明了产品组件、子件、零件直到原材料之间的结构关系，以及每个组装件所需要的各下属件部件的数量，偏重于产品信息的汇总，如明细表。从工艺管理角度来看，BOM 不是技术文件，而是计划文件或指导生产文件，包括加工工序卡、锻铸热处理卡、工装材料等汇总信息。

广义上的 BOM 是指产品结构和工艺流程的结合体，二者不可分割。若离开工艺流程谈产品结构，则没有现实意义。要客观、科学地通过 BOM 来描述某一制造业产品，必须从制造工艺入手，才能准确描述和体现产品的结构。二者结合的方法：首先确定产品的工艺流程，然后描述每个工序（工艺流程的组成部分）上所使用的物料。由于生产组织方式的不同，各子物料有相应的生产子工艺流程，同样每个工序上存在物料的使用，这样就根据生产组织方式决定了 BOM 的层次，如图 3.1 所示。

广义 BOM 在应用中的缺陷是没有体现"资源"的优势。工序中人力资源、设备资源甚至资金（成本）资源都没有得到体现。在 ERP（Enterprise Resource Planning，企业资源计划）应用系统中，BOM 的概念已经开始扩展，真正体现出了"资源"的意义。

扩展的 BOM 比传统意义的 BOM 更加深入地体现"资源"的意义，其内涵已经变成 Bill of Manufacturing，不仅包含工艺流程和产品结构，更多的是加入了对设备、人力和资金信息

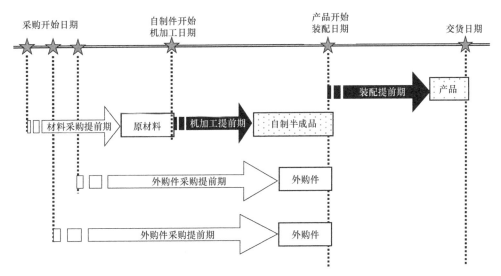

图 3.1 生产组织方式决定了 BOM 的层次

的集成和体现。BOM（Bill of Manufacturing）= 工艺流程（Routing）+产品结构（Product Structure）+资源（设备、人力、资金等）。

实现扩展的 BOM 的技术关键就在于如何将设备、人力和资金等信息体现在 BOM 当中，而 ERP 概念的引入和计算机数据库技术的不断进步为 BOM 概念的扩展提供了可能。通过扩展工艺流程和产品结构的信息，我们便可以非常轻松地将"资源"体现在 BOM 中。

BOM 作为产品结构的技术性描述文件，特别是在生产管理系统中起到了非常重要的作用，包括如下主要作用：

1）BOM 是生成物资需求计划（Metiral Requirement Planning，MRP）的基本信息的工具，也是联系主生产计划（Master Production Schedule，MPS）与物资需求计划的桥梁。

2）物料工艺路线可以根据 BOM 来生成产品的总工艺路线。

3）为采购外协加工提供依据。

4）为生产线配料提供依据。

5）成本数据根据 BOM 来计算。

6）提供确定销售价格的依据。

2. 常见的几种 BOM 模型

为了便于计算机管理和处理，产品结构树必须具有某种合理的组织形式，而且为了便于在不同的场合下使用产品结构树，产品结构树还应具有多种组织形式和格式。

产品结构的数据输入计算机后，即可被查询，并能根据各用户的要求以不同的形式显示出来。各种信息系统的目标就是要使输入的数据可以生成各种不同形式的产品结构树，以满足企业中各种用户的需求。

图 3.2 所示为产品 A 的产品结构。第 0 层为产品 A；A 由 B、P10、C 组成，B、P10、C 组成了第 1 层；B 又由 P20、D 组成，C 由 P30、P40、P50 组成，P20、D、P30、P40、P50 组成了第 2 层；D 又由 P10、P30 组成，P10、P30 组成了第 3 层。图 3.2 中字母 A、B、C、D 表示装配件，"P+数字"表示零件，括号中数字为装配所需数量。

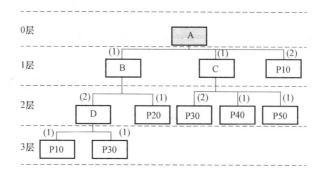

图 3.2　产品 A 的产品结构树

产品结构树一般可分为以下几种常用的输出形式：

（1）单级展开形式　单级展开形式显示某一装配件所使用的下级零部件。采用多个单级展开就能完整地表示产品的多级结构。很多企业采用的分组明细表即是单级 BOM 的具体形式。表 3.1 为所给的产品 A 按四个单级展开的清单。

表 3.1　单层展开形式的 BOM

装配件	零部件	每个装配件所需数量	装配件	零部件	每个装配件所需数量
A	B	1	C	P30	2
	C	1		P40	1
	P10	3		P50	1
B	D	2	D	P10	1
	P20	1		P30	1

（2）多级展开形式　多级展开形式显示某一装配件所使用的全部下级零部件。采用一个多级展开就能完整地表示产品的多级结构。很多企业（特别是产品零部件数量比较少的企业）采用的产品明细表即是多级 BOM 的具体形式。表 3.2 为所给的四级产品结构对应多级展开形式的 BOM 表。

表 3.2　多级展开形式的 BOM

序号	零部件	所属部件	所需装配数量	序号	零部件	所属部件	所需装配数量
0	A			2	C	A	1
1	B	A	1	2-1	P30	C	2
1-1	D	B	1	2-2	P40	C	1
1-1-1	10	D	1	2-3	P50	C	1
1-1-2	P30	D	1	3	P10	A	3
1-2	P20	B	2				

（3）缩行展开形式　缩行展开形式是在每一上层物料下以缩行的形式列出它们的下属物料。同一层次的所有零件号都显示在同一列上。缩行展开的形式是以产品制造的方式来表示产品的。缩行展开形式的 BOM 见表 3.3。

表 3.3 缩行展开形式的 BOM

层次	零件号 1、2、3	每个装配件需要数量	层次	零件号 1、2、3	每个装配件需要数量
1	A		2	C	1
2	B	1	3	○P30	2
3	○P20	1	3	○P40	1
3	○D	2	3	○P50	1
4	○○P10	1	2	P10	3
4	○○P30	1			

（4）单层跟踪形式 单层跟踪形式显示直接使用某物料的上层物料。这是一种跟踪物料被用在哪里的清单，指出的是直接使用某物料的各上层物料。产品 A 的单层跟踪形式的 BOM 见表 3.4。

表 3.4 单层跟踪形式的 BOM

零件号	上层物料	装配所需数量	零件号	上层物料	装配所需数量
P10	A	3	P30	D	1
P10	D	1	P40	C	1
P20	B	1	P50	C	1
P30	C	2			

（5）矩阵式 矩阵式的 BOM 是对具有大量通用零件的产品系列进行数据合并后得到的一种 BOM。这种形式的 BOM 可用于识别和组合一个产品系列中的通用零件。在表 3.5 列出的输出形式中，左侧列出的是各种通用零部件，右侧的上部列出了各个最终产品，下部的数字表示装配一个最终产品所需该零件的数量，"#"表示该产品不用此零件。对于有许多通用零件的产品，这种形式的 BOM 很有用处。但矩阵式的 BOM 没有规定产品制造的方式，没有指出零件之间的装配层次，因此，不能用于指导多层结构产品的制造过程。

表 3.5 矩阵式的 BOM

零部件	数量			零部件	数量		
	A	X	Z		A	X	Z
P10	5	5	2	P60	#	#	3
P20	1	2	#	(B)	(1)	(2)	(1)
P30	4	7	2	(C)	(1)	(1)	(#)
P40	1	1	#	(D)	(2)	(1)	(2)
P50	1	1	#				

3. BOM 分类

一个产品的生命周期可以分为工程设计、工艺设计、制造和销售等几个部分，它们也各自对应一个企业相应的不同部门。对一个部门来说，对产品的理解角度不同，因此所需要看到的 BOM 视图也是不同的。这四个部门可以分别对应四种 BOM 视图：EBOM（Engineering Bill of Materials，工程物料清单）、PBOM（Process Bill of Materials，工艺物料清单）、MBOM（Manufacturing Bill of Materials，制造物料清单）和 CBOM（Cost Bill of Materials，成本物料清单)。

企业对 BOM 的管理也需要结合企业的实际管理需求进行划分,并需要确定哪些 BOM 在什么系统中管理,以及 BOM 之间的转换等。下面对它们的含义进行说明:

(1) EBOM　EBOM 主要是设计部门产生的数据,产品设计人员根据客户订单或设计要求进行产品设计,生成包括产品名称、产品结构、明细表、汇总表、产品使用说明书和装箱清单等信息,这些信息大部分包含于 EBOM 中。EBOM 是工艺、制造等后续部门所使用的其他应用系统所需产品数据的基础。

(2) PBOM　工艺部门以 EBOM 中的数据为依据,制订工艺计划、工序信息和生成计划 BOM 的数据。PBOM 是由普通物料清单组成的,只用于产品的预测,尤其用于预测不同的产品组合而成的产品系列。有时是为了市场销售的需要,有时是为了简化预测计划从而简化了主生产计划。另外,当存在通用件时,可以把各个通用件定义为普通型 BOM,然后由各组件组装成某个产品,这样各组件可以先按预测计划进行生产,下达的 PBOM 可以快速进行组装,以满足市场要求。

(3) MBOM　MBOM 是制造部门根据已经生成的 PBOM,对工艺装配步骤进行详细设计后得到的。MBOM 主要描述了产品的装配顺序、工时定额、材料定额,以及相关的设备、刀具、卡具和模具等工装信息,描述了零件、装配件和最终产品的制造方法和装配顺序,反映了物料在生产车间之间的合理流动和消失过程。PBOM 和 MBOM 也是提供给计划部门(ERP)的关键管理数据之一。

(4) CBOM　CBOM 是财务部门根据设计部门、工艺部门和制造部门的数据信息进行汇总核算形成的财务报表。CBOM 给出了产品的成本信息,包括采购成本、制造成本、总采购成本、总制造费用及分摊点管理费用。在价值分析方面,CBOM 对于通过减少小项目成本来降低产品的总成本或考查上升的原因等方面,都有一定的参考价值。

(5) EBOM 与 PBOM 的区别　EBOM 与 PBOM 主要是根据它们来源的应用系统的不同来分类的。EBOM 主要来源于 CAD 系统;而 PBOM 主要来源于 CAPP 系统。或者直接来源于 PLM 系统。它们都是对产品结构中零部件的属性描述,都可作为 PLM 系统中的单一产品数据源。单一产品数据源是整个系统的底层数据核心和所有相关产品数据的共同访问源。单一产品数据源能保证产品数据的一致、最新、完整、无冗余和可靠。它们的区别主要表现在:

1) 数据来源不同。EBOM 与 PBOM 的主要区别反映在产品 BOM 的数据来源不同,EBOM 主要是针对产品设计活动过程所反映的产品设计属性的一种技术描述文件,即来源于 CAD 系统;PBOM 则主要是对产品工艺实施规划过程,以及制造生产过程中所反映的产品属性的一种生成计划文件,即来源于 CAPP 系统。

2) 所反映的具体内容不同。EBOM 一般指设计信息,如 CAD 系统中二维图样的标题栏信息和明细表信息;PBOM 一般指工艺信息,如 CAPP 系统中的工序加工、工艺路线、工时定额、材料定额,以及机床、刀具、夹具、模具和量具等工装方面信息。

(6) EBOM 与 MBOM 的区别　虽然 EBOM 与 MBOM 都包含着产品结构信息,但也存在很大差异,主要表现在:

1) 组成不尽相同。MBOM 是设计和工艺的综合,除包括常规的产品构成物料外,还包括与产品相关的消耗品(如毛坯、工艺用品、用剂等)和加工工具(如夹具、刀具、量具等）；而在 EBOM 上出现的物料，有的在制造物料清单中不会出现，如 MBOM 中的虚拟件在 EBOM 中通常不会出现。

2）EBOM 和 MBOM 反映内容的侧重点不同。EBOM 与 MBOM 虽然都反映产品的结构，但是 EBOM 重点反映产品的组成，而 MBOM 则重点反映产品的制造层次和制造过程。

3）作用不同。MBOM 是管理文件，是生产、销售计划的基础，它与工艺、设计、生产能力、库存等都有联系；而 EBOM 单纯是技术文件，只是设计输出结果之一，不能用于生产计划。

4）MBOM 比 EBOM 包含的信息更多，主要包括产品结构、工艺路线、工时定额、材料定额，以及机床、刀具、夹具、模具和量具等工装方面的信息。

3.1.2 产品结构管理

提供给用户的产品结构管理基本功能主要包括以下几个方面：

1）产品 BOM 的创建与修改。
2）产品 BOM 的版本控制。
3）支持对"零件和/或子部件被哪些部件采用"和"部件采用了哪些零件或子部件"的查询。
4）支持对产品文档的查询。
5）产品 BOM 的多视图管理。
6）系列化产品结构视图管理。
7）支持与制造资源计划（Manufacturing Resource Planning，MRP Ⅱ）或企业资源计划（Enterprise Resource Planning，ERP）的集成等。

产品结构管理通过自上而下的方式对产品零部件层次结构和属性进行管理，并以树状结构进行可视化的表达。它以电子仓库为底层支持，以物料清单为组织核心，把定义最终产品的所有工程数据与文档联系起来，实现产品数据的组织、管理与控制，并在一定目标或规则约束下，向用户或应用系统提供产品结构的不同视图和描述，如设计视图、装配视图、制造视图、计划视图等。

相互关联的一组零件按照特定的装配关系组装起来则构成部件，一系列的零件和部件有机地装配在一起则构成产品。将产品按照部件进行分解，部件再进一步分解成子部件和零件，直到零件为止，由此形成的分层树状结构，称为产品结构树。在产品结构树中根节点代表产品（或部件），枝节点和叶节点分别表示部件（或子部件）和零件。产品结构树集中反映了产品结构的汇总信息，它描述了产品结构中各零部件的层次关系、每个零件的数量、材料、自制件还是外购件等信息。

产品结构管理主要包括产品结构层次关系管理、基于文件夹的产品与文档关系管理和版本管理等。

1. 产品结构层次关系管理

产品结构管理中的层次关系管理，主要是满足对单一、具体产品所包含的零部件的基本属性的管理，并维护它们之间的层次关系。利用 PLM 系统提供的产品结构管理功能可以有效地、直观地描述所有与产品相关的信息。

在产品结构树中，各个零件、部件对象都有自己的属性，如零（部）件标识码、名称、版本号、数量、材料、类型（自制件、外购件）等。在PLM系统中查询零部件时，可以按照单个或多个属性进行单独或联合查询，以获得零部件的详细情况。例如按照类型为"外购件"的属性查询，可得到采购部门关心的信息。通过建立零件与部件间的关联关系建立产品结构的层次关系。随着产品复杂度的不同，这种层次关系少则两、三层，多则六、七层不等。在设计、生产过程中，产品的经常出现修改的情况，不仅有个别属性的修改，甚至还有结构关系的修改。在PLM系统中完成上述修改需要区别不同的情况，较简单的情况（如还未形成版本时）可直接修改，复杂的情况（如对已发布版本的数据进行修改）则需要按照工程更改规定的过程进行修改。

图3.3所示为产品结构及其基本属性的示例，表示了产品零部件之间的层次关系及每个节点包含的相应属性。通过产品结构树图，根据所给查询条件，按照不同的分支检索，就可迅速地找到所需的数据。还可以自由选择结构树的分解层次数，展开自行设定的层次中的零部件，在需要时可以输出相应的BOM。

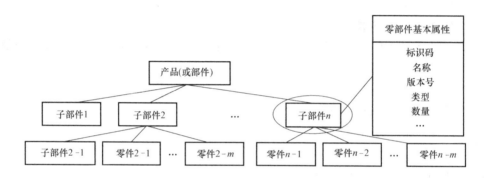

图3.3 产品结构及其基本属性

2. 基于文件夹的产品-文档关系管理

在PLM系统中，对象（如产品、部件、零件等）与文档并不直接产生联系，而往往通过文件夹作为连接对象与文档的桥梁，通过文件夹的分类管理来实现对对象的各种不同文档（如图样、数据文件等）的分类管理。对象、文件夹与文档之间的关系，如图3.4所示。

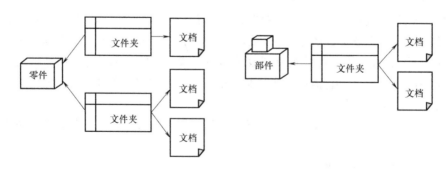

图3.4 对象、文件夹与文档之间的关系

3. 产品版本管理

通常产品的设计过程是一个连续的、动态的过程。一个设计对象在设计过程中被不断修改，会产生许多版本。版本不仅包含了设计对象在当时的全部信息，而且还反映了该版本的设计对象和与其相关联的对象的关联性，例如，零部件对象的版本与文档版本的关联性。一个对象的多个版本之间应该有一定的关联性，并且还应有识别每个版本的有效条件。此外，版本应有标识号，一种是按版本产生的时间顺序记为 A，B，C，…，另一种是按照正整数的顺序，以时间先后依次记为 1，2，3，…。有时两种形式也可混合使用。

4. 版本管理的模型

常见的版本管理模型有两种——线性版本模型和树状结构版本模型，如图 3.5 所示。

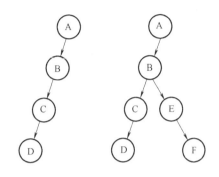

图 3.5　两种版本管理模型

线性版本模型是最简单的模型，它是根据版本产生的时间顺序依次排列的。它通常用对象的标识号和版本号两个属性表示（这两个属性相当于对象在关系数据库中二维表的主要参数）。当产生一个新版本时，系统自动赋予一个新版本号。线性模型能够很好地描述版本顺序产生的情形，其缺陷是不能区分该版本是新设计产生的版本，还是在前一个版本的基础上修改的版本，即它不能用于同时有多种可选设计方案的情况。

树状结构版本模型正好能够弥补线性版本模型的缺陷。在该模型中，一个特定的路径就反映了一种设计方案的版本繁衍过程。如图 3.5b 所示为某对象具有两种设计方案，在 B 版本基础上形成了可选的 C 版本和 F 版本，在 C、F 版本的基础上分别有修订后的 D、F 版本，D、F 版本既是其上一版本的修订版本，又是两种设计方案的终止版本。

5. PLM 系统的版本管理

PLM 系统的版本管理可以用于管理事务对象和数据对象的动态变化情况，前者如零件、部件、文件夹等，后者如各种文档。一般来说，对这些对象采用的是线性版本模型，按照时间顺序系统自动赋予一个版本号，且不允许重复赋值。

按照设计对象所处的不同状态，版本有不同的状态名。设计阶段对象的版本称为工作版本，工作版本驻留在设计人员私有的电子仓库中，可被设计者修改，其他用户不能访问，并且不能被引用。当设计工作完成后，设计者需要将该对象的版本提交到公共的公共电子仓库待审批，这种存放在公共电子仓库中待审批的版本称为提交版本。

提交版本不允许被修改或删除，其他用户可以查看，但不能引用。提交版本经审核批准后，成为发放版本。发放版本放在专门的电子仓库中，所有用户只能对它进行查询，不能修改。在设计的某阶段内，若需要版本保持不变的状态，则可以将它冻结起来，称为冻结版本。冻结版本一般存放在项目电子仓库中。

处于冻结状态的版本不允许进行更新、删除等操作，但是当冻结版本解冻后成为工作版本，就可以对它进行操作。提交版本即是审批阶段的冻结版本，它与冻结版本一样，都能被设计者引用，成为设计者开展下一步工作的基础。不再改变的版本都需要归档保存，版本归档后称为归档版本。

设计过程中对象经常要修改，但有时修改的程度较小。针对这种情况，有的 PLM 系统采用了如图 3.6 所示的版本模型，即正式版本用 A，B，C，…标识，并将在每个正式版本基础上所做的小范围的修改，标记为 Seg1，Seg2，Seg3，…。这些修改的序号也是按照产生的时间顺序赋值的,系统将首次产生的修改序号记为1,以后顺序递增。例如,设计零件时,在原有零件结构的主模型上所做的小范围的修改,当还不至于上升到建立新版本时,可以用修改序号来标识。

6. 版本对产品结构信息的影响

增加了版本属性后,产品结构关系的复杂性明显增加。

图3.7a所示说明不含版本的零件与文档之间的结构关系,这时可以直接建立零件对象与其相关的文档信息(如实体模型、二维图样、测试数据、工艺文件与NC代码等)之间的关系。图3.7b所示说明包含版本的零件与文档之间的结构关系,零件有不同的版本,而文档信息也有自己的版本,这时在结构关系中表述了不同版本之间的匹配关系。

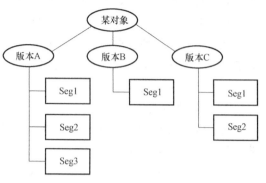

图3.6 对象的版本管理

图3.7a与图3.7b所示的信息可能分布在不同的计算机、操作系统上,分别属于不同的电子仓库和PLM系统用户,物理空间上则可能存储在不同的文件系统和数据库中。

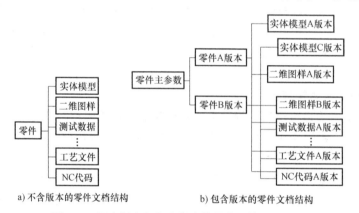

图3.7 不含版本与包含版本的零件文档结构关系

3.1.3 产品配置管理

随着市场经济的发展,用户对产品的要求也开始渐渐向个性化发展,企业的产品种类和类型也越来越多,相对应的BOM也越来越多,这就带来了BOM管理上的压力。在一个企业中,有时不同的产品之间往往只存在少数特殊部件的差别,特别是系列化产品,大部分零部件为通用件或共用件。这些情况下若每一个产品BOM单独进行管理会产生大量的冗余数据,且对数据之间的调用、借用产生了人为的屏障。也有很多企业对产品进行了配置管理,但缺乏自动化的配置工具,对产品进行手工选配则需要经验非常丰富的设计人员才能够完成,而且效率很低。

通过产品配置,重复使用现有内容,可以快速地从原型产品演化出系列化的变型产品,既保持了系列产品的资料重用性,又节省了大量设计时间,大大提高了开发效率和质量。

产品配置管理一方面继承了产品结构管理的主要功能,另一方面在产品结构构件中增加了配置项（即配置条件）、结构选项、互换件、替换件和供应商等。通过提供结构有效性、配置变量、版本有效性管理，能描述更为复杂的产品配置。此外，还可提供 BOM 多视图管理，通过 BOM 的提取，支持与 MRP Ⅱ 或 ERP 的集成。

1. 产品配置概述

单一形式的 BOM 和简单的版本管理并不能满足企业复杂产品信息管理的需求。BOM 作为企业进行设计、生产、管理的核心，不同的部门要求不同的形式和内容。例如，生产部门需要只描述自制件情况的 MBOM，财务部门更关心的是反映零部件成本核算情况的 CBOM，设计部门作为产生 BOM 的部门，应提供涵盖以上各方面信息的、最为全面的 EBOM。

EBOM 信息与其他 BOM 信息的关系相当于集合概念中的全集与子集的关系。另外，针对产品设计中的同一产品的不同批次及同一批次中的不同阶段（如设计、制造与组装等），都需要有不同的 BOM 描述。为了满足上述要求，必须将产品结构中的零部件按照一定的条件进行重新编排，得到该条件下的特定的产品结构，称为配置，而其中的条件称为配置条件。用各种不同的配置条件形成产品结构的不同配置，称为产品配置管理。

为了便于理解配置的概念，让我们来看一个圆珠笔的例子。为了简化叙述，考虑较简单的一种情形，将圆珠笔分为笔帽、笔杆和笔芯三部分。为了研究的方便，仅考虑颜色这一可变因素。其笔帽、笔杆、笔芯可能具有多种颜色，由此形成的产品结构树如图 3.8 所示。按照笔帽、笔杆、笔芯三部分颜色均相同、两种相同、三种均不同等条件进行编排可以得到多种特定的圆珠笔。

图 3.9 所示为三部分均为相同颜色的圆珠笔产品，其中"三件同色"的编排条件即为配置条件。图 3.10 所示为两部分颜色相同的圆珠笔产品，两两组合可细分为三种情况，配置条件分别是"笔帽与笔杆同色""笔帽与笔芯同色""笔杆与笔芯同色"。图 3.11 所示为三部分颜色相异的圆珠笔产品，配置条件是"三件异色"。将图 3.9、图 3.10、图 3.11 与图 3.8 比较，可以看到，通过产品的配置管理使得对同类产品的管理从无序变为有序，按照不同的配置条件，可以沿着不同的分支快速组成新产品，快速查找到特定的产品代号和特定的零部件。

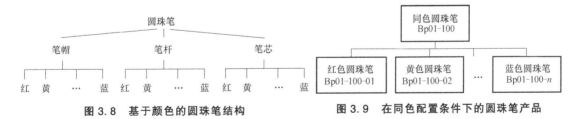

图 3.8　基于颜色的圆珠笔结构　　　　图 3.9　在同色配置条件下的圆珠笔产品

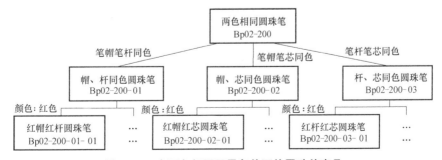

图 3.10　在两色相同配置条件下的圆珠笔产品

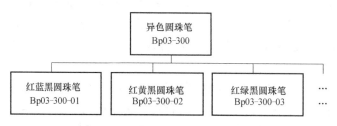

图 3.11 在异色配置条件下的圆珠笔产品

若再考虑其他因素,如造型、粗细、长短等因素,则可进一步考虑几个因素组成的复合配置条件,将可以得到多种多样,形状、颜色、大小各异的圆珠笔产品,其不同品种的数量将达到成百上千种。如此种类繁多的产品用手工管理,势必造成生产与管理的巨大工作量,容易出现管理的漏洞。反之,若采用计算机,按照各种不同的配置条件进行配置管理,则将使得生产从无序变成有序,大大提高生产和管理的效率,降低产品的成本,从而获得竞争的优势。

2. 产品配置规则

配置管理通过建立配置规则实现对产品结构变化的控制和管理。产品的配置规则分为变量配置规则、版本配置规则和有效性配置规则三种。

(1) 变量配置规则　当产品结构树中零部件的某个属性具有多个可选项时,可以将该属性视为变量,按照该变量取不同的值来确定具体的产品结构配置,称为变量配置。图3.12 所示为某型号的电冰箱的变量配置的部分产品结构。

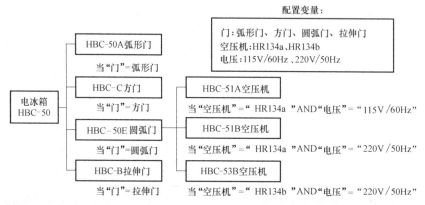

图 3.12 按变量配置的产品结构

变量配置中的属性变量可以是字符型、数字型、日期型的数据。配置条件按照逻辑运算法则进行,可以是 "=" "<" ">" "<>" "AND" "OR" 等。

(2) 版本配置规则　在版本产生过程中具有不同的状态,如工作状态、提交状态、发布状态和冻结状态等。按照版本所处的状态可以形成不同的配置。其中,按照已发布的最新版本进行配置和按照已发布的所有版本进行配置是应用较多的版本配置方法。

(3) 有效性配置规则　产品结构中的零部件可能具有多个版本,各个版本的生效时间和有效时间可能不同。有时在产品结构树的不同层次上分别有一个零件的不同版本或者同一版本分布在结构树的不同层次上,由此形成了不同配置的情况。此时,需要按照有效性进行配置。在有效性配置中,反映有效性的配置条件称为配置项。

有效性配置中的配置项可以是版本的有效时间配置项、修改序号的有效时间配置项、零(部)件的有效个数等。配置项的数据类型可以是字符型、数字型或混合型。

3. 产品配置管理的形式

运用上述配置规则,可以进行单一产品配置、系列化产品(可变产品结构)配置和产品结构多视图管理三种形式的产品配置管理。

(1)单一产品配置 单一产品的配置管理是指对非系列化产品的单一产品中涉及的不同版本的零部件、结构可选件、互换件、替换件,按照配置的思想进行有效管理,如图3.13所示。它是产品配置管理中较简单的一种形式。替换件与互换件虽然都有更换的意思,但在应用的范围上还是有区别的。替换件仅适用于某产品范围,超出了该范围即视为无效;互换件则可以超出具体某一个产品的范围,它可以用于多种不同的产品,比如,标准件就属于互换件的范畴。

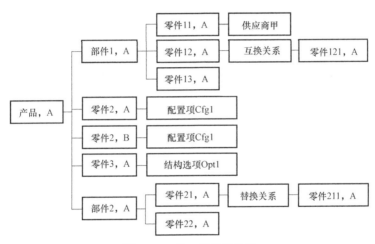

图3.13 单一产品结构图

表3.6和表3.7分别列出了图3.13中针对零件2的配置项Cfg1的各版本的有效时间定义及针对零件3的结构选项Opt1的取值约定。只有按照配置项的时间特性,才能够确定某特定时间与产品特定的结构相对应的关系,达到采用配置的思想管理好复杂产品多样性的目的。

表3.6 零件2的版本有效时间配置定义

配置项/版本	起始时间	结束时间
Cfg1/A	1997.5.1	1998.5.1
Cfg1/B	1998.5.2	NULL

表3.7 零件3的版本有效时间配置定义

结构选项Opt1数值	起始时间	结束时间
0	NULL	1998.5.31
1	1998.6.1	NULL

在表 3.7 中，Opt1 的数值表示零件 3 在产品中的数量。按照表 3.6 和表 3.7 的定义，产品在 1998 年 4 月（第一有效时间）的结构树，如图 3.14 a 所示。其与在 1998 年 10 月（第二有效时间）的结构树，如图 3.14 b 所示，是有差异的。即表明出于某种需要，产品在设计上做了一点修改，但还不至于影响到产品的版本升级。

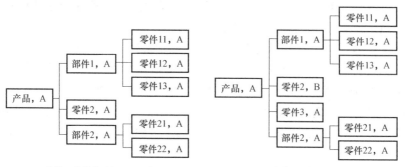

图 3.14 按有效性时间配置的产品结构

（2）系列化产品配置 一种产品投入市场后，受到用户欢迎，通过市场分析，若还存在很大的市场潜力，则企业就应该迅速做出反应，在原产品的基础上做变型设计，形成满足不同层次用户需求的、具有不同功能的系列化产品。在 PLM 系统中通过实施变量配置管理，就可以获得系列化产品的结构。

（3）产品结构多视图管理 在企业中，对于同一个产品，不同部门需要的产品信息并不相同，PLM 系统应能提供满足不同部门要求的相应产品信息。产品的 BOM 信息在其全生命周期的不同阶段具有不同的内容，形成了产品结构的多视图。设计阶段的产品结构视图与前述的单一产品结构类似。

生产阶段的产品结构视图是按零部件的类型来组织的，对制造型企业，可按轴类、箱体类等不同的类型组织生产，这时的 BOM 是制造视图。计划视图则是为计划部门安排生产准备工作服务的。从 PBOM 应能迅速查到哪些是标准件，需要外购；哪些是外协件，应与哪些供应商联系购买；哪些是自制件，需要什么材料，归哪个车间生产。

装配部门关心的是正确的装配顺序。

从任何一个视图都应能访问到产品的全部数据，PLM 系统还应保证在其全生命周期中不同阶段的 BOM 的一致性。

3.2 Teamcenter 中的产品结构和产品配置

Teamcenter 使用结构管理器创建、查看和修改产品结构，也可以使用结构管理器来管理 NX 等 MCAD 程序中创建的产品结构。

结构管理器可创建 BOM，以显示组件的不同配置。可以通过设置某一规则中的值，来指定要加载的配置。可以配置产品来回答在设计过程中出现的许多问题，如零组件的版本、装配的哪些组件有效、产品的变量。

结构管理器以多层缩进列表格式显示产品结构。此列表与工程组织用于列出制造信息的 BOM 相似。

3.2.1 Teamcenter 中产品结构配置

实现产品结构快速配置设计由三个必不可少的部分组成：包含整个产品族的全配置的产品主结构、产品配置规则及方法、产品数据信息模型。全配置的产品主结构是前提和基础；产品配置规则通过一定的规则约束，生成满足不同订单需求的产品结构；产品数据信息模型描述零部件信息、模型信息、图样信息和文档信息等。Teamcenter 可利用产品结构配置模块直接搭建动态全配置的产品主结构，通过设置配置规则及方法，加载不同配置的产品结构，直接生成 EBOM，能够有效地管理产品全生命周期中的 BOM 变化历史和其不同阶段的有效性。

图 3.15 所示为基于 Teamcenter 的产品结构配置原理，在可配置的产品族结构中，产品结构由不同的功能、结构模块组成，在配置系统及产品族可配置的模块库、配置规则库的支撑下，销售人员在与客户交谈过程中，将客户的需求输入系统支持的产品配置系统，在配置规则的约束下，配置出相应的定制产品，并提供产能报价。

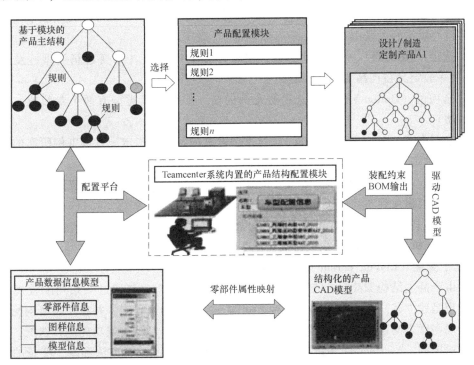

图 3.15 基于 Teamcenter 的产品结构配置原理

1. 基本概念

（1）对于单一产品结构的处理　涉及的概念包括可选件、互换件、替代件和有效性管理。

（2）支持基于可变产品结构的变量配置　允许存在不确定的产品结构，可根据需求配置具体的产品结构。

（3）精确装配　精确装配是特定零组件版本的固定结构。精确装配包含其组件的零组件版本的链接，而不包含零组件的链接。当用户将这些组件中的任一组件修改为新的版本时，装配必须通过移除组件的旧版本并添加新版本来进行手动更新。精确装配引用每个组件的特定版本。

（4）非精确装配　非精确装配是动态结构，包含其组件的零组件的链接，而不包含零组件版本的链接。非精确装配允许工程师查看使用他们想查看的零组件版本类型配置的产品结构，如使用发布的产品版本，或者只包括每个组件的最新工作版本。每个用户都查看同一个底层产品结构，但可配置视图来满足特定的需要。当任何用户发布零件、创建新零件或进行影响视图的任何其他行为时，系统将自动配置非精确产品结构。因此，用户不需要复制产品结构，也不需要每次都对产品结构进行手动更新。在结构管理器窗口中配置的版本由当前实施的版本规则确定。

（5）版本规则　通过设置参数来确定用于配置产品关联的零组件版本的规则。使用零组件版本配置，可以创建和应用版本规则。通过这些版本规则，可以选择产品结构中相应版本。

（6）BOM 视图版本　一个工作区对象，用于存储零组件版本（即事例）的单级装配结构。可以独立于其他数据来控制对结构（BOM 视图版本）的访问。BOM 视图版本只在创建它们的零组件版本的关联中有意义。

（7）选项（Option）　一个变量参数，由名称和描述组成（如变速箱类型、发动机功率）。选项一般定义在产品 BOM 的顶层。

（8）选项值（Option Value）　选项所允许的值，如变速箱类型有两个参数值，分别为自动和手动）。

（9）变量条件（Variant Condition）　对事例设置的条件，指定配置该事例所需的选项值（如，变速箱类型＝自动）。

（10）变量规则检查（Variant Rule Check）　指定不允许的选项值或值组合的条件。变量规则检查会被附加到零组件版本中。

（11）变量规则（Variant Rule）　决定配置何种 BOM 变量的选项值集合（如，汽车型号＝GLS，发动机功率＝1200，变速箱类型＝自动）。

2. 基于变量（Classic Variant）的产品配置方法

一个由产品主结构派生的、与订单相关的产品结构配置，是通过一系列配置规则定义的，其原理是建立客户需求与产品主结构之间的一系列的约束限制，并在产品结构配置模块库与配置规则库之间建立通信机制，通过相应的规则约束，对结构或功能进行选配，完成对产品结构的定制。Teamcenter 系统提供了基于版本规则的产品配置方法和基于变量的产品配置方法。图 3.16 所示为配置规则驱动产品配置的一般过程。

3.2.2　结构管理器基本功能

作为 Teamcenter 终端用户，可以使用结构管理器搭建和浏览产品结构，使用变量规则配置实现超级 BOM 的选配等功能。

浏览和创建产品结构的基本过程包括以下几个阶段：浏览产品结构、构建和编辑产品结构、精确/非精确结构切换、使用版本规则、搜索产品结构、定义查找编号、执行何处使用搜索和传统变量配置结构。

实例 3-1　创建、移除与修改 BOM 结构

第3章 产品结构管理和配置管理

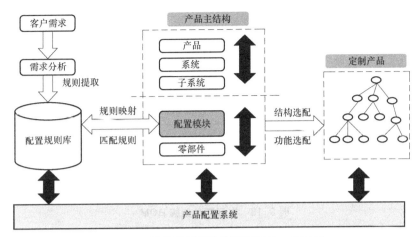

图 3.16 配置规则驱动产品配置的一般过程

以下示例展示了通过"复制、粘贴、新建"零组件的方式实现 BOM 结构的添加,以及通过"移除"方式去除 BOM 中不需要的组件,以实现 BOM 结构的编辑。

注意:通常企业不会以手动方式搭建 BOM 结构,而是通过工具集成的方式通过装配关系自动搭建设计 BOM。

步骤如下:

1)启动 Teamcenter 客户端,使用普通账户登录。

2)在 Teamcenter 系统中选择包含装配结构的对象,右击该对象,选择菜单栏"发送到"→"结构管理器",可以在"结构管理器"中打开该产品结构。如图 3.17 所示。

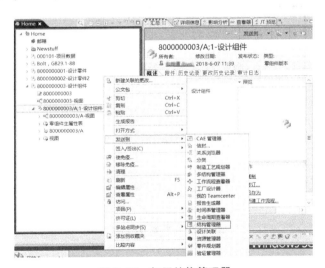

图 3.17 打开结构管理器

3)在"结构管理器"中选择菜单栏中的"展开""向下展开"或"向下展开…",可以展开"结构管理器"中打开的产品结构 BOM,如图 3.18 所示。

4)在"结构管理器"中可以查看展开的产品结构 BOM,如图 3.19 所示。

5)在"结构管理器"中可以添加现有零件到产品结构 BOM,在系统中选择需要搭建 BOM 的零件对象,右击该对象选择"复制"命令,如图 3.20 所示。

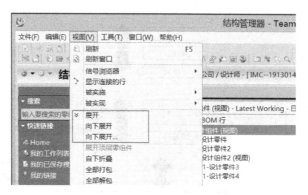

图 3.18　展开产品结构 BOM

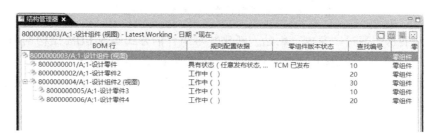

图 3.19　查看展开的产品结构 BOM

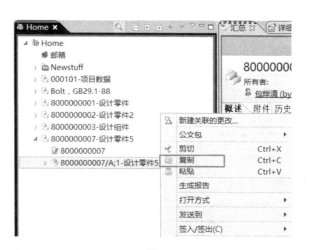

图 3.20　搭建 BOM-1

6）然后在"结构管理器"中选择上层 BOM 行，然后右击该行选择"粘贴"命令，如图 3.21 所示。

7）粘贴完成后，单击工具栏上的"保存"按钮，查看新搭建的产品结构 BOM，如图 3.22 所示。

8）也可以通过直接在 BOM 中新建零组件的方式，向 BOM 中添加零部件。在"结构管理器"中创建新零件到产品结构 BOM，在"结构管理器"中选择需要创建新零件的上层 BOM 行，然后单击菜单栏中的"文件"→"新建"→"零组件…"，如图 3.23 所示。

第3章　产品结构管理和配置管理

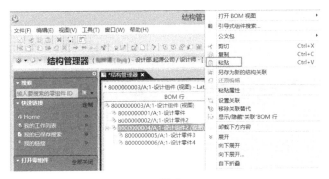

图 3.21　搭建 BOM-2

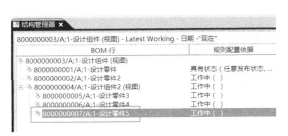

图 3.22　搭建 BOM-3　　　　图 3.23　通过新建零组件方式搭建 BOM-1

9）在"新建零组件"对话框，填写新零件的编码和名称，单击"完成"按钮，如图 3.24 所示。

10）单击工具栏上的"保存"按钮，查看选择的 BOM 行下新创建的零件，完成新建零件的 BOM 搭建，如图 3.25 所示。

图 3.24　通过新建零组件方式搭建 BOM-2　　　　图 3.25　通过新建零组件方式搭建 BOM-3

11）在"结构管理器"中可以移除产品结构 BOM 中的零件。在"结构管理器"中选择需要移除的零件，单击工具栏上的"移除引用"按钮，如图 3.26 所示。

12）单击工具栏上的"保存"按钮，查看"结构管理器"需要移除的零件已经从 BOM 中移除，如图 3.27 所示。

073

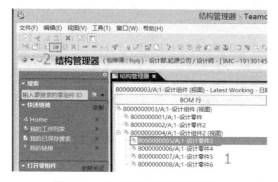

图 3.26 从 BOM 中移除某零件-1

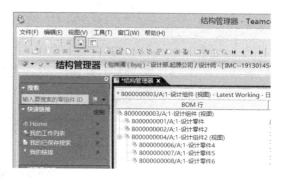

图 3.27 从 BOM 中移除某零件-2

3.2.3 基于变量的产品配置方法

Teamcenter 选项和变量模块能够创建独立的一般产品结构，再针对所提供产品的不同变量来配置客户化产品结构。使用变量配置，可以创建选项（如 color）并为每个选项创建许用值，这些选项与零组件版本相关联。通过将变量数据与零组件版本和 BOM 视图版本相关联来控制对变量数据的更改。配置变量与客户的需求有直接联系，可以定义选项和相应的选项值，并使其附属于某个零组件，其通常为结构中的顶级零组件。例如，若客户对变速箱有不同的需求，则可以把变速箱作为一个配置变量，变量的值设为自动和手动两个选项。在 Teamcenter 系统中，可以根据配置变量，方便加载自动方式或手动方式的变速箱模块。变量配置中有几个基本概念：

（1）约束 一个根据其他选项值（即派生默认值）设置选项值的表达式。

（2）派生的默认值 依赖特定条件（如 radio = stereo if car type = glx）的默认值。

（3）选项（配置变量） 可变性参数，由名称和描述组成，其中名称的类型为字符串，如 engine 发送机功率。

（4）选项默认值 选项的特定默认值，如 gearbox = manual，automatic。

（5）变量（结构） 通过应用变量规则而配置的特定结构。

（6）变量条件 工程用户针对事例（模块）所设置的条件，用于指定对事例进行配置的选项值（如 load if engine = 1200）。

（7）变量规则 一组选项值，通常由市场营销用户设置，用于确定要配置的结构变量，如 color = red 和 material = cotton。

（8）变量规则检查 一个条件，用于指定不允许使用的任何选项值或值的组合。变量规则检查被附加到零组件版本上，如 error incompatible engine and gearbox if engine = 1200 and gearbox = automatic，表示发动机为 1200、变速箱为自动的配置是不存在或不允许的。

1. 传统变量规则

变量允许创建选项（如颜色）和这些选项允许的值（如红色和蓝色），并将它们关联到零组件版本。通常在顶层装配中使用这种传统创建，不过在结构的任何位置都可实施创建。随后，对遵循变量规则的那些事例定义变量条件（如将两个不同类型的车身的颜色分别定义为红色和蓝色）。

要配置装配或产品的特定变量，则需要设置变量规则（如通过颜色和材料这两个选项的值获

第3章 产品结构管理和配置管理

取指定类型的车身,如颜色=红色,材料=钢材),这可以存储在数据库中,并供以后检索使用。

也可为变量规则设置默认选项值(如颜色=蓝色),该功能支持:

1) 作为必选或辅助选项的选项。
2) 配置有多个选项的组件。
3) 产品间共享的变量装配。
4) 120% BOM 配置,允许用户为一个选项选择多个值。
5) 叠加配置,允许用户向产品结构应用多个已保存的变量规则。

对变量数据所做的更改由与零组件版本及 BOM 视图版本的关联进行控制。可以将变量规则保存为永久的工作区对象,以后就可以在多结构管理器应用程序、瘦客户端或 NX 客户端中使用。还可以将对象发送给其他用户。

2. 传统变量视图

变量选项可以定义在任何的 Teamcenter 系统的对象上,由名称(必需)、描述(可选)和值列表定义构成,如图 3.28 所示。对于传统变量选项,所有选项值都被定义为字符串类型——它们不被视为数值(整数或浮点数),这意味着比较类型选项(如">"或"<")不能用于处理经典变量值,只能用基本的"yes/no"评估语句(如"="和"!=")进行判断。如图 3.28 所示,在 Teamcenter 系统的对象上定义了一个名称为"Color"的选项,该选项值有两个,分别为"Red"和"Blue"。

选项可以默认赋值。设置默认值的条件与选项定义一起存储在零组件上(默认选项),可以使用多个条件,如"AND"或"OR"操作符(派生默认值),如图 3.29 所示,定义了两个变量选项分别为"Color"和"Scheme",并且设定了默认值:若 Scheme = Luxury,则 Color = Blue。

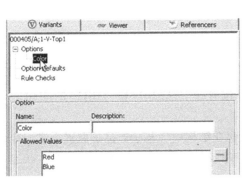

图 3.28 传统变量视图

图 3.29 选项的默认赋值

3. 变量规则检查

规则检查用于确保不应用无效的选项值组合,若从设计的角度来看选项值组合在技术上不兼容，那么就是无效的。若用户试图配置结构，而所选值违反了规则检查，则会向用户显示与规则检查关联的错误消息，这将使用户能够更正这些值。如图 3.30 所示针对"Color"和"Scheme"两个变量选项配置了变量规则检查：若 Scheme＝Luxury 并且 Color＝Red，则系统会执行检查，然后会有"Error"报错提示。

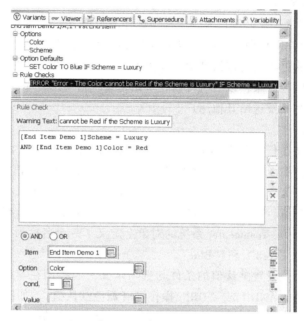

图 3.30　变量规则检查

4. 变量条件

不同的条件存储在 BOM 行上：

1) 如果变量条件被评估为 TRUE，则配置 BOM 行。

2) 变量条件的创建可以通过选择项目选项和值或将值条件添加到变量条件的布尔表达式的方式实现。

3) 布尔表达式支持"AND""OR"之类的运算符、（"＝""！＝"）之类的条件语句，以及用于分组条件的括号。这样可以生成更复杂的表达式。

如图 3.31 所示，在 BOM 行上配置的变量条件包含了"AND"和"OR"的布尔表达式。

应用变量选项，变量条件可以确定子项目何时包含在结构中，基于产品的配置需求，变量配置可以发生在产品结构的任何一个位置，父零组件版本必须处于可修改（工作）状态才能应用变量条件，但是子项本身不受应用变体条件的影响。

如图 3.32 所示，当子零件被配置了变量条件时，图标会多一个"Ⓥ"，且在 BOM 属性列"变量条件"中显示了子零件的变量条件。

5. 应用变量规则

产品结构的变量是通过变量规则的使用来配置的：正如版本规则确定动态产品结构的零组件版本一样，变量规则定义用于配置结构的选项值，如果没有指定一个选项值，那么该结构就不会受到该选项的影响，这些选项的变量条件将不会生效。

第3章 产品结构管理和配置管理

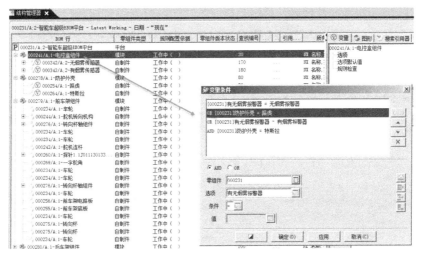

图 3.31 定义变量条件

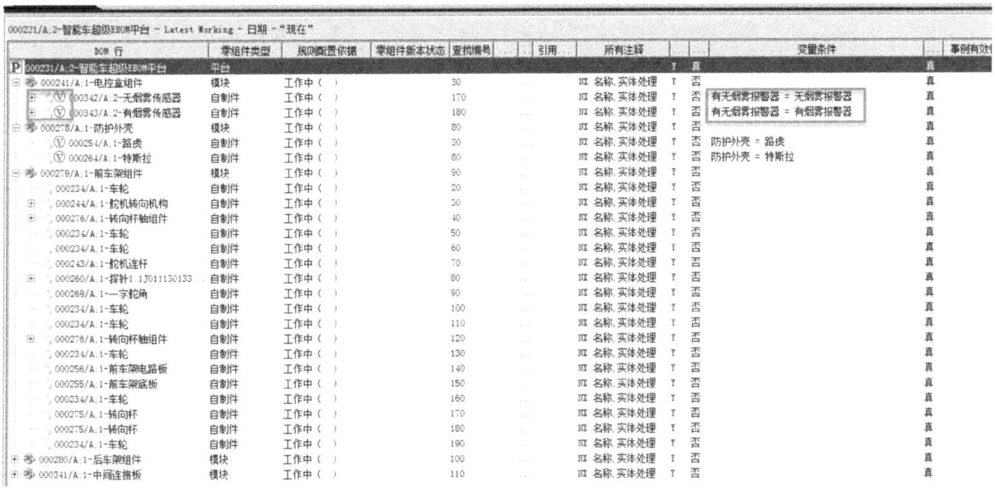

图 3.32 在零组件上定义了变量条件

注意：当一个变量规则应用于一个结构，并且结构的配置没有明显的变化时，请查看一下"显示未配置的变量"视图选项是否被关闭。

6. 保存及使用保存的变量规则

变量规则可以保存并重用，它作为一个实际的数据对象保存在 Teamcenter 系统中。在创建时，由用户选择相应的关系类型与产品结构相关联。如图 3.33 所示，可以将变量规则配置的集合通过"另存"的操作进行保存，以后可以直接加载已保存的配置以得到对应的产品，如图 3.34 所示。

实例 3-2　BOM 变量配置

步骤如下：

1）在"结构管理器"中可以通过基于超级 BOM 定义变量配置的方式，来选配出单一型的 BOM 产品信息，在"结构管理器"中单击工具栏上的"显示/隐藏数据面板"按钮，然后单击"变量"标签下"显示原有变量"按钮，如图 3.35 所示。

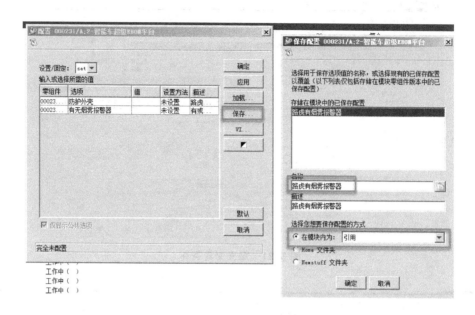

图 3.33　保存变量规则

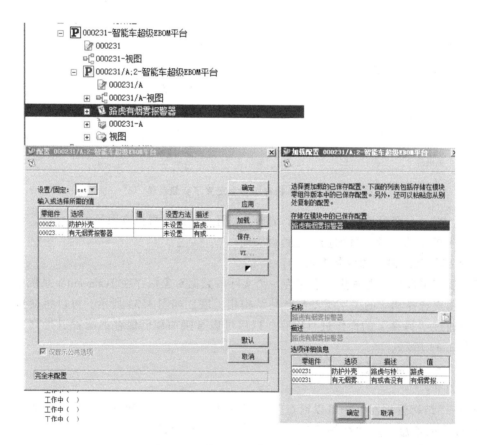

图 3.34　直接加载已保存的配置

第3章 产品结构管理和配置管理

图 3.35 打开传统变量编辑界面的方法

2) 在显示的传统变量编辑界面，可以基于顶层 BOM 创建选项和选项值，如图 3.36 所示。

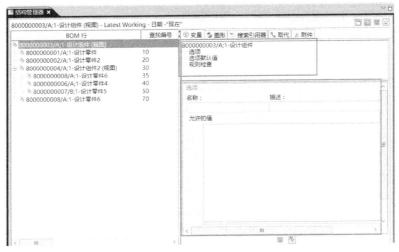

图 3.36 传统变量编辑界面

3) 在选项创建界面，填写选项的名称，在"允许的值"对话框中添加该选项对应的选项值，如图 3.37 所示。

4) 在完成选项名称和选项值的添加后，单击下方的"创建"按钮，如图 3.38 所示。

5) 新创建的选项将罗列在"变量"标签下，选中需要查看的选项后，该选项对应的选项值也将同步显示，如图 3.39 所示。

6) 参照步骤 2)~5) 创建多个和选项和对应的选项值，如图 3.40 所示。

7) 在基于 BOM 顶层完成选项和选项值的创建后，需要在 BOM 行添加变量条件。选择需要添加变量条件的 BOM 行，单击工具栏上的"编辑变量条件"按钮，如图 3.41 所示。

8) 在弹出的"编辑变量条件"对话框中，单击"选项"后的下拉列表框，将弹出 BOM 顶层已创建的选项信息，选择需要定义的选项，如"马力"，如图 3.42 所示。

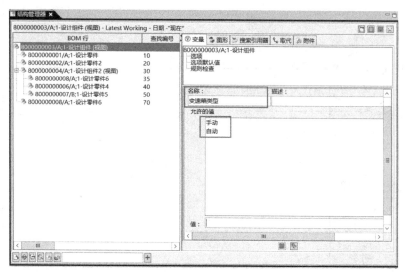

图 3.37 定义选项-1

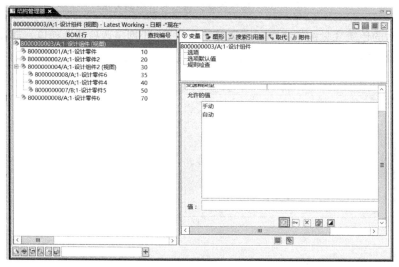

图 3.38 定义选项-2

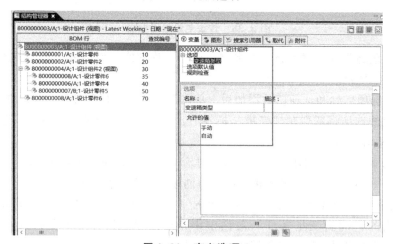

图 3.39 定义选项-3

第3章 产品结构管理和配置管理

图 3.40 定义选项-4

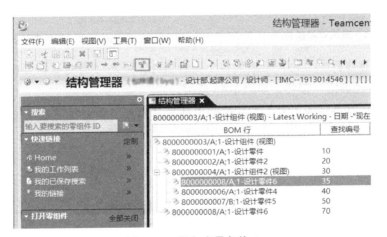

图 3.41 添加变量条件-1

9) 选择的选项 "马力"将显示在"选项"文本框中，如图 3.43 所示。

图 3.42 添加变量条件-2

图 3.43 添加变量条件-3

10）单击"变量条件"对话框的"值"下拉列表框，将自动弹出选项"马力"对应的选项值，选择需要的选项值，如图3.44所示。

11）选择的选项值将显示的"值"文本框中，单击右侧的"附加"按钮，该变量配置将显示的上方"变量条件"文本框中，如图3.45所示。

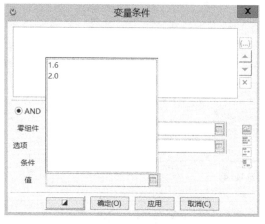

图3.44　添加变量条件-4

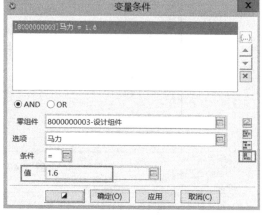

图3.45　添加变量条件-5

12）参照上述步骤7）~11）可添加多个变量条件，定义"当变速箱类型是手动时，马力是1.6"，单击"确定"按钮，如图3.46所示。

13）添加了变量条件的子零件，系统会自动为其添加一个变量图标"Ⓥ"，如图3.47所示。

图3.46　添加变量条件-6

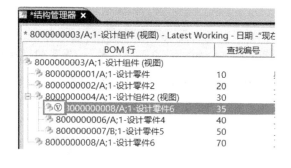

图3.47　添加变量条件-7

14）选择另一个子零件添加变量条件，定义"当变速箱类型是自动时，马力是2.0"，如图3.48所示。

15）在完成变量的添加后，单击工具栏上的"保存"按钮，在"变量条件"列中可查看变量条件的详细信息，如图3.49所示。

16）在完成变量条件的添加后，选择BOM顶层，单击工具栏上的"设置选定模块的变量值"按钮，如图3.50所示。

图 3.48　添加变量条件-8

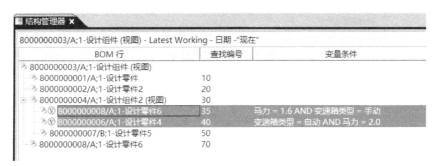

图 3.49　添加变量条件-9

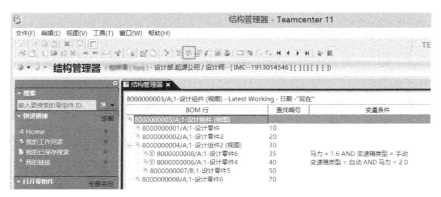

图 3.50　配置变量-1

17）在弹出的"配置变量值"对话框，依次选择选项的选项值，如选择变速箱类型是手动、马力是 1.6，并单击"应用"按钮，如图 3.51 所示。

18）在"结构管理器"中满足变量值的子零件将显示，不满足变量值定义的子零件将被自动隐藏，如图 3.52 所示。

19）若定义完变量值后结构管理器子零件没有按规则实现过滤，需要单击菜单栏中的"视图"按钮，单击"显示未配置的变量"命令，如图 3.53 所示。

20）在"配置"对话框，在完成变量值的定义后，单击"保存"按钮，将变量值的定义进行保存，如图 3.54 所示。

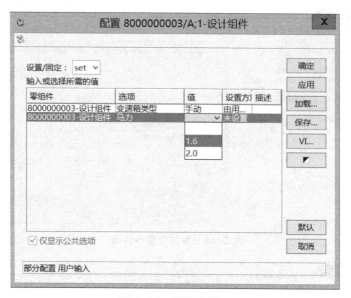

图 3.51　配置变量-2

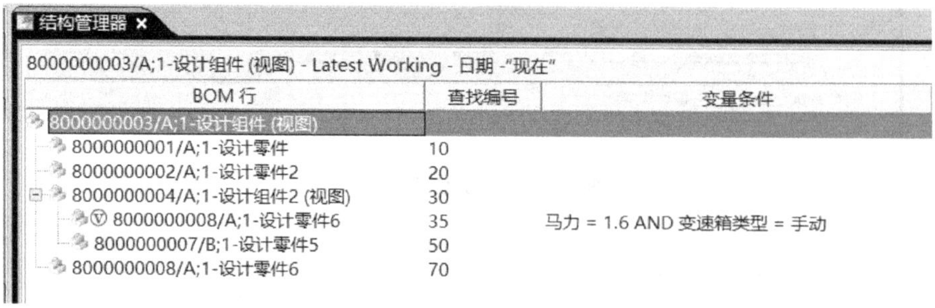

图 3.52　配置变量-3

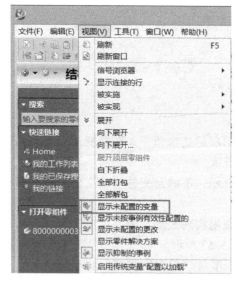

图 3.53　显示未配置的变量

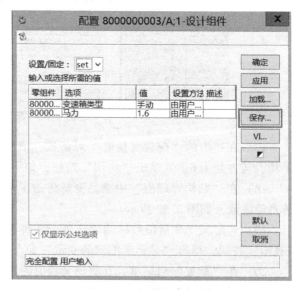

图 3.54　保存变量配置-1

第3章 产品结构管理和配置管理

21）在"保存配置"对话框，填写配置名称，单击"确定"按钮，如图 3.55 所示。

22）在"配置值"对话框单击"加载"按钮，弹出已保存的变量配置，选择已保存的变量配置，单击"确定"按钮，如图 3.56 所示。

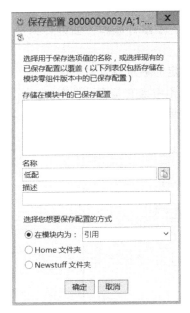

图 3.55 保存变量配置-2

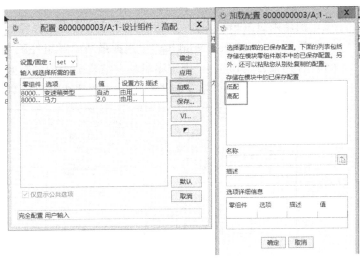

图 3.56 加载变量配置-1

23）"结构管理器"中的 BOM 结构将自动实现变量选配，按保存的变量配置规则显示满足条件的 BOM 子零件，如图 3.57 所示。

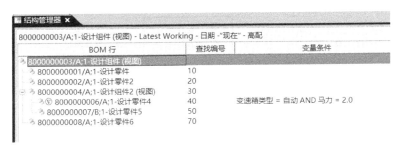

图 3.57 加载变量配置-2

3.2.4 基于版本规则的产品数据版本配置方法

版本反映了设计制造过程中零部件对象不断演变的动态，实现了零部件在系统内的可追溯性。使用版本规则可以为特殊情况配置产品结构。对于结构中的每个 BOM 行，这种配置方法可确定相应零组件的版本，以根据版本的属性（如发布状态、有效性或所有者）来进行配置。当在"结构管理器"中打开结构时，本规则始终是活动的，且包含 Teamcenter 中用于进行评估的多个参数。

根据版本规则中设置的准则，版本规则返回结构中每个零组件的可用版本之一。每个版本规则都会针对特殊情况在结构中选择对所有组件都合适的版本。版本规则由任意数量的规则条目组成，每个规则条目定义了要评估配置的版本时Teamcenter系统所使用的参数，规则条目按优先顺序进行评估直到成功配置某一版本。常用的规则条目（Rule Entries）包括：

（1）工作条目（Working）　选择零组件工作版本。默认情况下，根据零组件的创建日期来选择零组件的最新工作版本。

（2）状态条目（Has Status）　选择已发放的具有特定状态的零组件版本，如设置为选定的状态、版本的发布日期、任意的发布状态等。

（3）精确条目（Precise）　在精确的产品结构中选择精确指定的零组件版本。

（4）最新条目（Latest Working）　选择最新的零组件版本，不考虑它是否已发布。

（5）日期条目（Date）　指定零组件在结构配置中的有效日期。

如图3.58所示为一个基于版本规则配置产品结构的示例。

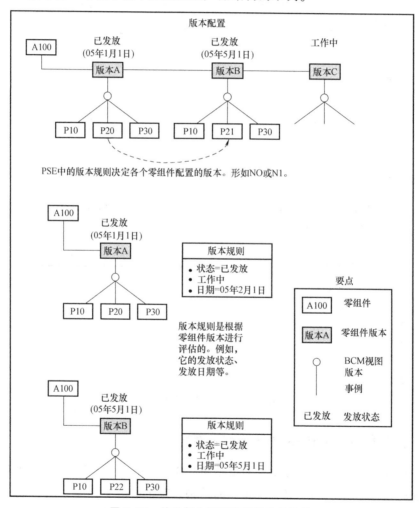

图3.58　使用版本配置来配置产品结构

1. BOM与零组件和零组件版本的关系

BOM是由很多个零组件版本构成的，在BOM结构中，一个零组件版本既可以作为单个的子零件，也可以作为一个装配件。零组件的最顶层为零组件版本，而BOM结构的最顶层通常还是零组件，如图3.59所示。

（1）BOM View　Teamcenter 中一种具体定义 Item（装配件）信息的数据对象，它存放了该 Item 的装配结构。BOM View 必须依附于 Item，否则无使用意义。

（2）BOM View Revision　Teamcenter 中一种具体定义 Item Revision（装配件版本）信息的数据对象，它存放了该 Item Revision 的装配结构。BOM View Revision 必须依附于 Item Revision，否则无使用意义。

Item Revision 下有一个 BOM View Revision，表示这个 Item Revision 是一个装配件。其装配关系必须将 BOM View Revision 发送到结构管理器打开、查看、编辑、配置和保存。

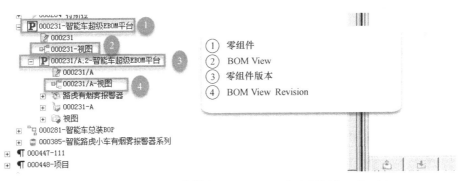

图 3.59　零组件、零组件版本、BOM View 和 BOM View Revision

2. 有效性

（1）版本有效性　通过应用版本规则可以配置特定日期或单元（序列）编号的产品结构。还可以指定日期或单元编号的范围。Teamcenter 可显示指定日期、单元编号或范围的每个可使用零组件的版本。汽车制造商会经常使用版本有效性。

（2）事例（结构）有效性　配置产品结构的有效性与版本有效性相同，但是 Teamcenter 将显示有效的实际示例。军工和航空产品制造商经常使用事例有效性。可以使用事例有效性来控制某一零组件的各个事例何时生效。通过应用某一版本规则，可针对特定日期或单元（序列）号配置产品结构。以下示例显示了事例有效性的应用。

设置有效性范围时，应考虑以下几个方面：

1）将有效性表示为日期或单元编号的开始到结束的范围，如 2007-05-01 到 2007-05-31。

2）可将截止位置未定的有效性配置为"不定结束日期或单元号"（UP）或"直到库存已尽"（SO）。例如，2007-05-01 到 UP 或 2007-05-01 到 SO。同时提供了 UP 和 SO 以辅助与 ERP 系统的集成，然而它们在 Teamcenter 中功能相同。

3）有效性可不连续，如 2005-05-01 到 2007-05-31，以及 2007-07-01 到 UP。

4）可共享有效性。可重用的有效性具有一个标识符。

5）必须通过顶层零组件来限定单元有效性，如单元 10 到 UP，顶层零组件 A1000。

3. 版本规则功能

可创建版本规则使结构通过以下任意一种方式进行配置：

1）仅配置那些有特定版本状态的零件。

2）定义状态层次结构，如生产、试生产或原型。

3）以特定历史日期配置结构。

4) 以特定有效点（日期或者单元）配置结构。

5) 配置特别版本集，其由用户选择并置于一个文件夹中以供用户选择。

6) 配置存储在任何精确装配中的精确事例。

7) 配置某一配置的快照。

8) 配置为结构创建的基线。

9) 根据所有权用户或组配置工作版本。

10) 根据创建版本的日期进行配置。

11) 根据版本 ID 的字母表顺序进行配置。

4. 版本规则名词解释

由于版本规则涉及大量的专业名词，在此对以下版本规则名称进行解释：

(1) 工作条目　使用工作条目选择工作零组件版本，即无任何发放状态的零组件版本。默认情况下，Teamcenter 将根据零组件的创建日期来选择零组件的最新工作版本，还可以再选择一个更具体的版本。它具有下列设置之一：

1) 所有权用户。如果在工作条目中指定一个所有权用户，则 Teamcenter 将配置指定用户拥有的最新版本（如果存在这样的版本）。还可以将所有权用户设置为当前版本，此时 Teamcenter 将配置当前用户拥有的最新版本。

2) 所有权组。如果在工作条目中指定一个所有权组，则 Teamcenter 将配置由指定组拥有的最新版本（如果存在这样的版本）。还可以将所有权组设置为当前版本，此时 Teamcenter 将配置当前组拥有的最新版本。

注意：一个版本规则中可以有多个工作条目。例如，规则可以配置当前用户的工作版本，且如果未找到任何版本，则配置为当前组的工作版本。如果用户所属组改变，则有必要重新应用版本规则，以便为新组配置适当的版本。

(2) 状态条目　使用状态条目选择具有特定发放状态的零组件版本。以下设置对于状态条目可用：

1) 任意发放状态。Teamcenter 将以发放状态配置最新零组件版本，而不考虑实际状态。

2) 选定的状态。Teamcenter 将以所选状态配置最新零组件版本。可以通过此设置来配置仅包含具有指定状态的零组件版本的结构。

3) 发放日期。Teamcenter 根据版本的发放日期（即特定状态的添加日期）选择最新的零组件版本。

4) 有效日期。Teamcenter 会根据在发放状态上定义的有效日期选择最新的零组件版本。

5) 有效单元编号。Teamcenter 会根据在发放状态上定义的单元编号选择最新的零组件版本。

(3) 替代条目　替代条目允许特定零组件版本替代其他准则会选中的零组件版本。可将替代零组件版本复制到文件夹中，以便随后能够从替代条目引用该文件夹。

注意：此文件夹可能包含零组件版本的其他嵌套子文件夹。如果任何一个子文件夹含有同一零组件的多个版本，则 Teamcenter 将采用遇到的最后一个版本。Teamcenter 首先浏览较高级的文件夹，接着才浏览较低级的文件夹。通常，不应在特定文件夹中放入具有不同版本的同一零组件的两个实例。

(4) 精确条目　在精确产品结构中，可以使用精确条目来选择精确指定的零组件版本。

该条目对非精确的产品结构没有影响。

注意：如果在版本规则中将任何其他的条目置于精确条目之上，则该条目将替代精确条目。如果版本规则仅包含一个精确条目，则无法用它配置任何类型的精确结构。

（5）最新条目　可以指定最新条目以选择最新的零组件版本，而无论它们是否发布。对该条目来说，Teamcenter 不对工作版本与具有状态的版本进行区分。以下设置对最新条目可用：

1）创建日期。Teamcenter 根据版本的创建日期选择最新的零组件版本。

2）字母数字版本 ID。Teamcenter 会按版本 ID 的字母数字顺序选择最新的零组件版本。它根据版本 ID 的首个字符以字母数字的顺序来选择任何版本 ID，如 1、10、2、21，以此类推。

3）数字版本 ID。Teamcenter 会按版本 ID 的数字顺序选择最新的零组件版本。它不会配置具有非数值 ID 的版本。

（6）日期条目　使用日期条目指定配置结构的日期。这种类型的条目可以与其他条目一起使用。这些类型的条目可用于查找在指定日期之前的最新条目：

1）状态条目。用于指定发放日期或有效日期。

2）最近的条目用于指定创建日期。可将日期条目中的日期设置为今天，并且 Teamcenter 将针对当前日期和时间评估配置准则，而不能针对过去的日期配置工作版本。Teamcenter 不保留有关在过去的特定时间处于工作状态的版本的信息。

注意：如果版本规则中没有日期条目，则 Teamcenter 会在默认情况下将日期评估为当前的日期。

（7）单元编号条目　在使用单元编号有效性配置具有某种状态的零组件版本时，单元编号条目可指定要匹配的单元编号。这种类型的条目可以与其他条目一起使用。如果版本规则中没有单元编号条目，则 Teamcenter 将配置由有效单元编号配置的所有状态条目。

实例 3-3　切换精确/非精确 BOM

步骤如下：

1）在"结构管理器"中可以切换产品结构 BOM 的精确/非精确模式，默认情况下新搭建的 BOM 是非精确模式（白色底纹），如图 3.60 所示。

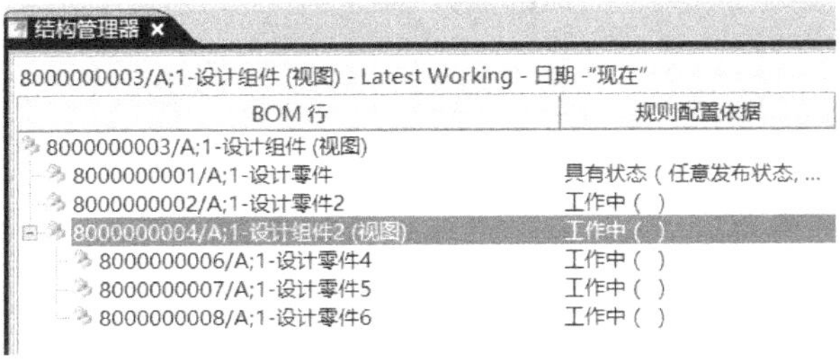

图 3.60　切换精确、非精确 BOM-1

2）若需要切换到精确模式，选择需要切换的 BOM 行，单击菜单栏"编辑"→"切换精确/非精确"，如图 3.61 所示。

3）在切换精确模式后，当前 BOM 行下的子零件将被添加绿色底纹，代表当前 BOM 是精确装配模式，然后单击工具栏上的"保存"按钮，如图 3.62 所示。

图 3.61 切换精确、非精确 BOM-2

图 3.62 切换精确、非精确 BOM-3

4）若需要将精确模式切换到非精确模式，选择需要切换的 BOM 行，单击菜单栏"编辑"→"切换精确/非精确"，如图 3.63 所示。

5）在切换非精确模式后，当前 BOM 行下的子零件将变成白色底纹，代表当前 BOM 是非精确装配模式，然后单击工具栏上的"保存"按钮，如图 3.64 所示。

图 3.63 切换精确、非精确 BOM-4

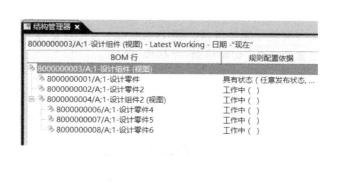

图 3.64 切换精确、非精确 BOM-5

实例 3-4　使用版本规则

以下示例实现通过对 BOM 设定版本规则，在 BOM 中优先显示使用具有任意发布状态的零件，即当 8000000007 零件具有 A/B 两个版本且 A 版本已经发布的时候，该 BOM 默认使用非精确 BOM 结构，即使用 8000000007 零件的 B 版本，通过对此 BOM 结构设定具有任意发布状态的版本规则则此 BOM 按照规则使用 8000000007 零件的已发布 A 版本。

1）在"结构管理器"中可以切换不同的版本规则，定义 BOM 中子零件的版本显示，在"结构管理器"中选择菜单栏中"工具"→"版本规则"→"查看/设置当前"，如图 3.65 所示。

第3章　产品结构管理和配置管理

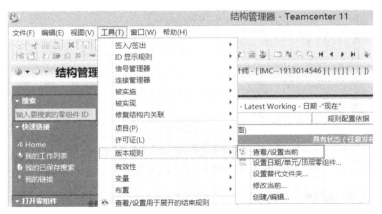

图 3.65　查看/设置版本规则-1

2）在弹出的"查看/设置当前版本规则"对话框中查看版本规则，"详细信息"界面显示当前版本规则的详细定义，版本规则由上向下实施，如"Latest Working"版本规则优先显示精确的子零件版本，若没有精确装配显示工作中的零件版本，则都不满足最后显示发布的零件版本，如图 3.66 所示。

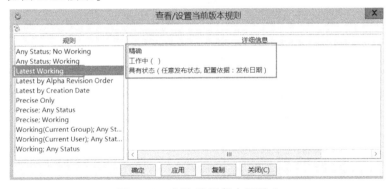

图 3.66　查看/设置版本规则-2

3）查看使用模板版本规则"Latest Working"下零件的版本显示，零件 8000000001 的 A 版本已经发布，且没有 B 版本的情况，零件 8000000007 的 A 版本已经发布并且已经升到 B 版本，则优先显示 B 版本，如图 3.67 所示。

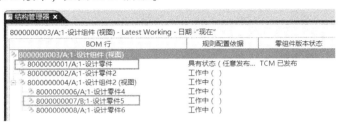

图 3.67　查看/设置版本规则-3

4）打开"查看设置当前版本规则"对话框，选择版本规则"Any Status；Working"，该版本规则将优先显示发布的版本，若没有发布的版本，则再显示工作中的版本，如图 3.68 所示。

5）应用完"Any Status；Working"版本规则后零件 8000000007 将显示发布的 A 版本，如图 3.69 所示。

图 3.68　查看/设置版本规则-4

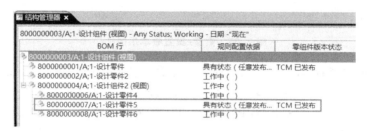

图 3.69　查看/设置版本规则-5

习　　题

1. 简述八种以上版本规则的控制类型。
2. 简述三种产品的配置规则。
3. 按图 3.70 所示进行配置，在 Teamcenter 系统中模拟实现此配置。

端梁上封版
厚度：50mm、80mm 和 100mm
材料：钢材、铝合金和镀铬
抗压强度：50N、80N 和 100N

前支架
颜色：红、黄和蓝
长度：100、120 和 150
承重：500kg、800kg 和 1000kg

变速器
驱动类型：手动、自动、混动
马力：1.6、1.8 和 2
汽缸数量：4、6 和 8

豪华款：端梁上封版　100mm　镀铬　　100N
　　　　前支架　　　蓝　　　150　　1000kg
　　　　变速器　　　混动　　2　　　8

经典款：端梁上封版　80mm　　铝合金　80N
　　　　前支架　　　黄　　　120　　800kg
　　　　变速器　　　自动　　1.8　　6

商务款：端梁上封版　50mm　　钢材　　50N
　　　　前支架　　　红　　　100　　500kg
　　　　变速器　　　手动　　1.6　　4

图 3.70　习题 3 图

第 4 章

零件分类管理

PLM 系统中产品结构管理是从某个产品或部件的构成中考察零部件在其中的作用及其具有的属性,而一个零件或部件往往在多处使用,并不完全隶属于某个产品,具有脱离产品独立存在的特点。

随着企业的逐渐发展,产品数据越来越多,而构成产品的零部件数量也在大量增长,特别是机械设备、交通装备、汽车零部件等产品结构复杂的行业,组成产品的零部件动辄以千或以万计数,而每次的产品设计成果都需要长久保留,带来的海量零部件必将给企业带来很大的管理压力。海量的数据不仅需要作为设计资源供设计师进行参考,又要与客户、项目、订单及设计文档数据进行关联,在业务环节上也会与销售、采购、生产、品质和售后产生联系,因此零部件的管理不仅是企业研发设计部门的问题,而且应该被摆到更高的管理层次上进行策划和落实。零部件的分类管理便提供了一种可行的零部件管理思路。以零件为中心,组织有关产品信息,达到便于检索、便于借用和信息重用的目的,这正是零件分类管理的目标。

零件分类管理就是将企业的零件按照相似性(如结构形状相似或制造工艺相似等)原则划分成若干类,分别加以管理。零件的分类方法很多,其中,典型的方法是成组(Group Technology,GT)技术。成组技术的核心就是识别和利用事物的相似性,按照一定的原则,将具有相似性的事物分为一类,从中找出该类中的典型事物加以研究,总结出该类事物存在的内在规律,或制订出处理它们的一般原则和方法,以便在以后遇到该类事物时能够避免不必要的重复劳动。成组技术的应用使得对零件的管理变得更科学、合理。

通过有效的零部件分类管理,能够使企业实现零部件的快速检索,将检索到的零部件对象直接应用于产品开发的各阶段,从而提高产品开发速度和产品质量,以便快速而高品质地响应市场或满足用户的需求。

4.1 零件分类管理基础知识

4.1.1 零件族和分类方法

1. 零件族

根据对世界机电产品品种数量的分析,中、小批量生产的产品,在 20 世纪 60 年代占

50%，而在 80 年代已上升到 85%。据统计显示，我国机械制造企业属于中、小批量生产的企业已占机械制造企业总数的 95% 左右。

在多品种小批量生产中，不同行业的机械产品大约有 3/4 的零件在功能、形状、尺寸、材质等固有特征上存在着相似性。这些具有相似性的零件通称为零件族。对零件族的管理可以借用成组技术的思想进行。

零件族中的零件一般在设计、工艺、加工上具有相似性，针对这些相似性的研究，产生了根据工艺相似性对零件分组，制订了适用于一类零件的典型工艺的成组工艺；把具有相似性加工工序的所有零件集中起来成批加工的成组加工；为一个或几个工艺过程相似的零件族，组织成组生产而建立的生产单位的成组生产单元；由计算机控制的以数控机床和加工中心为基础，适用于多品种中小批量生产的自动化制造系统，即柔性制造系统等概念。将上述思想应用到生产中，可以把零件的小批量生产转化成按零件族分类的、一族或多族零件的、成组加工的大批量生产，使得小批量生产也能达到大批量生产的效率。

2. 零件分类方法

用成组技术的思想对零件进行分类的方法主要有视检法、生产流程分析法和分类编码法三种。其中，视检法完全依靠人工，由有经验的人根据实物或图样，用目测的方法对零件进行分类。这种方法无法保证分类的质量，且效率很低。生产流程分析法通过分析零件的生产流程来对零件进行分类。在分析时，可以利用一些算法通过计算机实现。这一方法特别适用于对工艺相似的零件进行分类，而对结构相似的零件进行分类时则有一定的局限性。

上面两种方法在对新设计的零件的分类上显得无能为力。于是，人们创造了零件分类编码的方法，这一方法是将零件的结构特征和工艺信息用一系列的代码（即分类码）来表示，按照分类码来区分不同族的零件。用零件分类编码的方法对零件进行分类的系统称为分类编码系统。

零件的代码应包括零件的标识码和分类码两部分。标识码可以是零件的图号，它必须是唯一的；分类码描述的是零件的功能、结构、形状和生产工艺等信息，它反映的是一类对象的特点，可以不同。在成组生产时，二者必须结合起来应用。

对零件进行分类编码可以简化零件描述，便于用计算机实现分类处理，便于信息的传输、存储和检索。为便于计算机识别，编码一般采用数字、英文字母、汉语拼音字母的形式，或者它们的混编形式。

采用分类编码系统的好处有以下几方面：①可以达到自动检索零件的目的；②利用分类编码系统，外加相似件图库和 CAD 软件进行成组设计，可以减少相似零件的数目，消除重复设计的零件，减少设计和绘图的工作量；③利用分类编码系统、零件族成组工艺库和工艺专家系统进行成组工艺设计，可由计算机自动生成工艺，节约了大量重复性的劳动，提高了工艺设计水平。

4.1.2 零件分类管理

零件分类管理的主要目的是对已有设计信息（包括产品及其相关的文档信息）进行归类管理，为最大限度地重用现有设计成果开发新的产品提供支持。依据成组技术的思想，将零件依标准的或相似的工艺规程、相同的属性、相近的设计思想等原则分门别类，形成分类层次结构树。这里的"零件"可以是实际的零件，也可以是不可再分的产品、部件、组件等。

由于历史的原因，不同的企业各有自己的分类方法。零件分类的方法要考虑到企业的分类习惯和适应分类变化的柔性。图 4.1 所示为一种零件族分类的结构树样例，它将零件按照一定的分类规则，分为标准件、自制件和外协件等。在标准件、自制件下继续分类，由此构建出零件分类层次结构树模型。通过分类层次结构树可快速查找到相应的零件族，由零件族查找到族中的零件，并可查看零件的特征参数，见表 4.1。

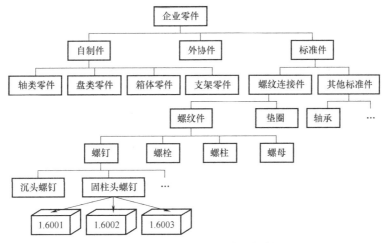

图 4.1　零件族分类层次结构树

表 4.1　圆柱头螺钉的族特征参数

零件（标识码_分类码）	螺纹直径 /mm	螺纹长度 /mm	杆长 /mm	头径 /mm	头高 /mm	材料
L6001_0-03-01-01-001-002	5	38	40	8.5	3.3	A3
L6002_0-03-01-01-001-002	8	38	60	13	5	A5
L6003_0-03-01-01-001-002	6	38	50	10	3.9	A3

4.1.3　零部件分类管理的一般步骤

零部件分类管理在企业中的实践应该要以合理分类、操作便利为指导原则，结合企业实际的产品情况，按照不同的产品零部件特征进行分类，而分类仅仅是零部件分类管理实现的其中一个环节，实现零部件分类管理的步骤包括：

（1）分类研究　在规划零部件分类管理的阶段，企业应根据自身的产品特点，对典型产品及零部件的组成进行细致的梳理，按照零部件的事物特征进行分类，如按照结构特征、材料、工艺特征等，目的是建立统一的分类标准体系。体系的建立需要遵循"标准化、通用化、系列化"的指导思想，形成企业标准的零件族。这项研究工作必须作为分类管理的首要任务，企业应挑选有经验的设计工程师和标准化人员共同参与，从多角度进行考虑。做好零部件分类框架，后续的分类管理工程才能够顺利进行。

（2）特征整理　规划好分类框架后，接下来的关键任务便是针对具体分类零部件进行特征描述的整理工作。特征描述是针对零部件的说明，是零部件本身所具有的特征性质。特征描述由两部分组成，一部分为共同的常规特征属性，如物料编码、零部件名称、材料、规格等；另一部分为该类零部件所独有的特征属性，如对于电子元件，其具有"工作电压"、

"工作电流"等特征,这些特征是结构类零部件所不具有的。而对于结构类零部件,不同分类的特征属性也会存在差异,比如汽车零部件中,同属结构件的转向器、滚动轴承和传动轴,必然具有各自特殊的特征描述属性。这两类特征属性称为"常规属性"和"特定属性"。"常规属性"和"特定属性"共同描述了一类零部件所具有的特征,企业需要为各类零部件建立起特征索引属性,以便实现后期对于零部件的唯一性识别和检索的使用。

(3)规则制定 当零部件的分类框架已建立,各分类的特征属性也已整理完成,企业接下来的工作便是针对具体分类制订管理规则,这些管理规则应该包括:零部件的命名规则、编码规则、属性描述规则,实现零部件分类库的标准化管理;零部件关联文档数据的命名规则、关联规则,指导零部件与对应图样、文档类数据的关联;零部件分类库的建立和维护规则,实现零部件分类库建立和扩展的常态化和标准化。规则的制订是一个承上启下的重要过程,从体系规划的一开始就要考虑实施落实,一方面可以规范零部件库的分类和创建,另一方面则有利于后期零部件库的检索。

(4)检索利用 企业的零部件分类库建立之后,工程师在设计环节便可从库中选择使用已有零部件,提高设计效率,在这一环节需要注意三点:①设计过程的规范化,即通过制定规则,保证工程师尽量从零部件分类库中选取已有零部件;②在检索环节,针对不同分类零部件,工程师能够输入不同的属性值进行分类检索;③对于设计环节如果确实需要新增零部件,则要通过规范化的过程,结合零部件库的维护规则进行零部件库的扩充。

4.1.4 PLM 系统的零件分类管理

PLM 系统的零件分类管理提供的基本功能包括:

1)基于属性的相似零件和文档对象,以及基于属性的标准零件和文档对象检索功能。这一功能提供按照零件族所有特征参数(属性)检索或查询的方法,同时也可以按照单个特定参数或几个属性进行检索。

2)建立零件、文档对象与零件族的关系。对已有零件或新设计的零件,PLM 系统应提供建立零件、文档对象与零件族的关系的手段。一旦发现零件被错误地划分到某零件族中,还应有对零件、零件族关系进行修改编辑处理。

3)定义与维护分类模式(如分类码、分类结构、标准接口等)的基本机制。由于企业中的分类模式不尽相同,PLM 系统并不能提供满足所有企业需求的零件分类模型,但是应提供标准接口,允许用户应用该接口开发符合各企业情况的分类模型。

4)定义与维护缺省或用户自定义的属性关系。对零件族的属性的处理也应提供接口,允许用户修改已有属性或自定义新的属性。

4.2 Teamcenter 中的零件分类管理

公司产品数据(即标准件、技术数据和制造设备)的分类,组件数据更容易查找和检索从而节约了时间,允许重用现有零件,以及合并或删除重复或过期零件来从而降低了成本。分类用于创建和维护基于工作区的对象属性值的层次分类结构。可以使用胖客户端或瘦客户端来对对象分类。但是分类管理员必须先在分类管理应用程序中创建一个分类层次结构,然后才能使用分类。

通过分类，可以实现：

1）向分类层次结构中添加分类对象。

2）对工作区对象进行分类。

3）查找分类对象。

4）修改分类对象的属性值。

5）从分类层次结构中删除分类对象。

6）分类可供创建产品定义数据的数字化库。

7）分类层次结构使用组和类来分类公司的数据。

8）层次结构类定义包含用于标识一组对象中某一对象的属性和属性值。例如，螺母高度和螺纹直径属性可以用于区分一组螺母中的特定螺母。

9）层次结构及其组件、组和类由应用程序管理员使用分类管理应用程序来定义和维护。

4.2.1 查看类层次结构

分类层次结构通过组和类来对公司产品数据进行分类。层次结构及其组件、组和类是使用分类管理应用程序进行定义和维护的。一经定义，就可以导出层次结构，以用于各种数据库或作为创建新层次结构的基础。分类层次结构树以图形方式显示分类层次结构。可以通过"ICS_hierarchy_sort_option"首选项来控制层次结构树的显示。

4.2.2 创建属性字典

属性是固有特征，用于描述和标识一组对象中的某一对象。例如，可使用螺母高度和螺纹直径属性来区分一组螺母中的特定螺母。在类中可以看到分类管理员预定义的属性字典。无论出现在哪个类或视图中，这些属性定义都是相同的。因此，每次使用时，螺纹直径属性都有相同的格式、名称、描述及合法值，从而保证整个层次结构中的一致性。创建工作区对象分类实例的方法是将对象与特定类相关联并向该类所对应的属性赋值。

4.2.3 继承属性

继承属性使得新类自动继承其所有父类定义的所有属性。继承属性可简化对一组具有共同属性的相关类的设置。通过在类创建过程中将父类指派给新类，可实现继承属性。新类保存后，可作为父类使用。该过程可继续进行，直到类达到200条属性（继承的和自身的）的限度为止。

4.2.4 创建组、类、视图和分类对象

分类使用组、类、视图和分类对象来构造分类层次结构并对Teamcenter对象进行分类。

（1）组 在分类层次结构中处于最高级别。标记为紧固件的组可以用于组织公司使用的所有紧固件。还可以在组中嵌套其他组。例如，如果紧固件是标准件，则可以创建名为标准件的组，并将紧固件组关联为标准件的子组。组的嵌套级别没有限制。

（2）类 表示分类层次结构中的下一级别。类用于定义与类关联的所有存储类的复合属性，并可以反过来被这些复合属性定义。一个类可以有多个别名。这样，除了通过其主要

名称外,还可以通过任一别名进行搜索。这些名称会在分类层次结构的类工具提示中表示出来。

1)抽象类通常用于存储共享一组主要特性(属性)的对象,然后指派给抽象类的属性由所有子类继承。抽象类可将其他抽象类和存储类作为子项。

2)存储类由父类的继承属性和特定于存储类的属性共同定义。存储类可在层次结构中保留父项、子项和叶节点位置。

(3)视图 基于用户或组显示类属性,并提供对它们的访问权。视图对象由分类管理员定义。

(4)分类对象 Teamcenter 对象在分类系统内的表示,通过分类数据来扩展对象。分类对象指定了在分类层次结构中某个特殊存储类所定义的属性值。

实例 4-1 添加组

步骤如下:

1)启动 Teamcenter 客户端,使用系统管理员账户登录。

2)在导航面板的底部单击"配置用户程序"≫按钮。

3)选择"导航窗格选项",选择"分类管理"模块,如图 4.2 所示。

4)单击"确定"按钮进入"分类管理"对话框,将显示分类的层次结构、属性字典及权限访问控制等,如图 4.3 所示。

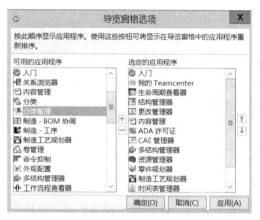

图 4.2 添加分类管理模块

图 4.3 分类管理模块

5)系统管理员可以基于层次结构显示页签,添加组、抽象类、存储类形成分类层次结构,选择"分类根",单击"添加组"按钮,如图 4.4 所示。

6)在弹出的"添加新组"对话框,可直接指派新的组 ID,单击"确定"按钮,如图 4.5 所示。

7)在"组"的对话框中,填写分类组的名称,如"起源公司标准件库",然后单击工具栏上的"保存"按钮,如图 4.6 所示。

8)查看创建好的分类结构顶层组,如图 4.7 所示。

9)可以基于顶层组继续创建子组(根据需求),选择顶层组继续单击"添加组"按钮并直接指派新的组 ID。

第4章 零件分类管理

图 4.4 添加组-1

图 4.5 添加组-2

图 4.6 添加组-3

图 4.7 添加组-4

10）在"组"对话框，填写子组的名称，并单击工具栏上的"保存"按钮，如图 4.8 所示。

11）查看创建好的组和子组的层次结构，如图 4.9 所示。

图 4.8 添加子组-1

图 4.9 添加子组-2

实例 4-2 添加类

步骤如下：

1）系统管理员可以基于创建的组，在组下面创建抽象类、存储类，选择分类的组，如"金属类标准件"，单击"添加类"按钮，如图 4.10 所示。

2）在弹出的"添加新类"对话框，可直接指派新的类 ID，单击"确定"按钮，如图 4.11 所示。

图 4.10 添加类-1

3)在"抽象类"对话框,填写类的名称,如果是抽象类,则勾选"抽象"复选按钮,如果是存储类,则勾选"允许多个实例"复选按钮,然后单击工具栏上的"保存"按钮,如图 4.12 所示。

4)查看创建好的组与抽象类层次结构,基于创建的抽象类,继续添加存储类结构,如图 4.13 所示。

图 4.11 添加类-2

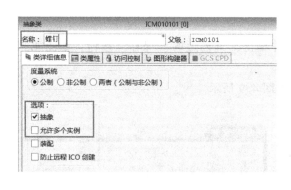

图 4.12 添加类-3

图 4.13 添加类-4

5)选择抽象类层级,单击"添加类"按钮,如图 4.14 所示。

6)在弹出的"添加新类"对话框,直接指派新的类 ID,并单击"确定"按钮,如图 4.15 所示。

7)在"抽象类"对话框,填写类的名称,并勾选"允许多个实例"复选按钮,单击工具栏上的"保存"按钮,如图 4.16 所示。

8)查看创建好的组、子组、抽象类、存储类的层次结构,如图 4.17 所示。

9)在"搜索类…"对话框,可以选择搜索准则并基于搜索输入信息进行检索,搜索符合条件的类,并在查询结果中显示,如图 4.18 所示。

10)双击搜索出的类,结果将在"层次结构"选项卡分类结果树中高亮显示,如图 4.19 所示。

第4章 零件分类管理

图 4.14 添加类-5

图 4.15 添加类-6

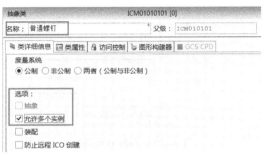

图 4.16 添加类-7

图 4.17 添加类-8

图 4.18 添加类-9

图 4.19 添加类-10

实例 4-3 添加分类属性

步骤如下：

1）系统管理员可以基于"字典"标签创建分类属性。在"分类管理"模块中，单击"字典"标签，然后单击工具栏上的"新建实例"按钮，如图 4.20 所示。

2）在弹出的"新属性 ID"对话框，单击"指派"按钮，获取属性 ID，然后单击"确定"按钮，如图 4.21 所示。

3）在"字典"标签下，填写属性的名称，在格式属性中可以定义属性字符的长度和字符类型，单击工具栏上的"保存"按钮，完成属性的创建，如图 4.22 所示。

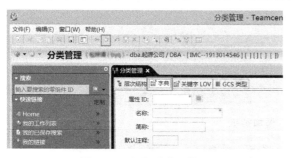

图 4.20 添加分类属性-1

图 4.21 添加分类属性-2

图 4.22 添加分类属性-3

4）在"字典"标签右侧查询区域，可以通过定义查询规则，并输入查询属性关键字的方式将创建的属性查询出来，如图 4.23 所示。

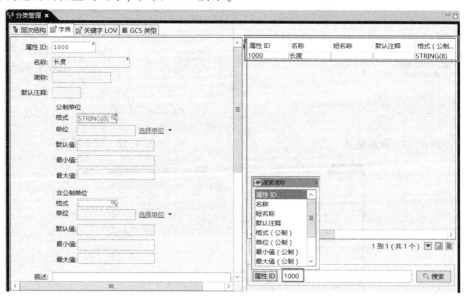

图 4.23 添加分类属性-4

第4章 零件分类管理

5) 系统管理员可以将创建的分类属性，添加到类，选择需要添加分类属性的类，单击工具栏上的"编辑当前实例"按钮，在"类属性"标签下，单击"添加属性"按钮，如图 4.24 所示。

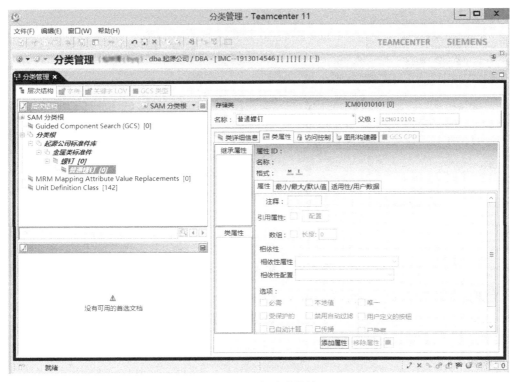

图 4.24 添加分类属性-5

6) 弹出"添加属性"对话框，切换搜索准则并填写搜索条件，执行搜索，在搜索结果框中选择需要添加的属性，单击"确定"按钮，如图 4.25 所示。

7) 弹出"添加属性"对话框，单击"是"按钮，然后单击工具栏上的"保存"按钮，如图 4.26 所示。

图 4.25 添加分类属性-6

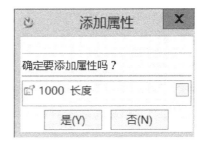

图 4.26 添加分类属性-7

8）查看当前分类节点添加的分类属性，如图4.27所示。

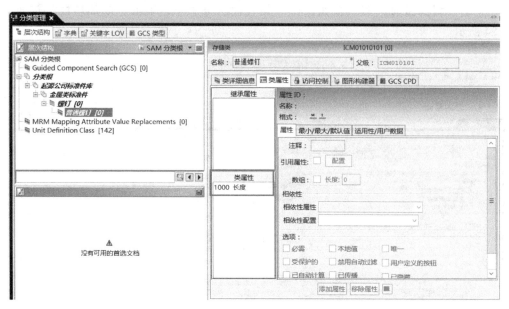

图4.27　添加分类属性-8

9）系统管理员可以通过首选项"ICS_classifiable_types"定义允许分类的对象类型，通过编辑该选项，添加需要分类的对象类型，如图4.28所示。

实例4-4　对数据进行分类

步骤如下：

1）Teamcenter普通用户可以将需要分类的数据发送到分类模块进行统一管理，在Teamcenter系统中选择需要分类的数据，右击选择"发送到"→"分类"，如图4.29所示。

图4.28　添加分类属性-9

图4.29　对数据进行分类-1

2）系统自动进入分类模块，并弹出"分类对象"对话框，单击"是"按钮，如图4.30所示。

图 4.30　对数据进行分类-2

3）在分类结构树中选择需要存放的分类节点，按需填写分类属性，并单击工具栏上的"保存"按钮，如图 4.31 所示。

图 4.31　对数据进行分类-3

4）在分类节点查看已经分类的数据，分类节点后的"［］"内的数字代表当前节点存在的分类实例数量，如图 4.32 所示。

图 4.32　对数据进行分类-4

5）在"分类"标签中，可以基于分类节点，通过属性搜索的方式，将该分类节点中满足条件的类搜索出来，如图 4.33 所示。

6）在双击打开搜索对象后，"属性"选项卡将显示该分类对象的属性，二维和三维图像显示区域将显示该分类对象的模型信息（如果有），如图 4.34 所示。

图 4.33　对数据进行分类-5

图 4.34　对数据进行分类-6

7）单击对象左侧的"发送到"按钮，可以选择将该分类对象发送到"我的 Teamcenter"，如图 4.35 所示。

8）"汇总"标签将显示该对象的分类属性信息，如图 4.36 所示。

图 4.35　对数据进行分类-7　　　　　图 4.36　对数据进行分类-8

实例 4-5 通过某个物料发送到分类查询具体数据

可以将已建立的零组件发送到分类。在零组件上右击，选择"发送到"→"分类"，如图 4.37 所示，将出现如图 4.38 所示的界面，可以在该界面中进一步完善分类信息。

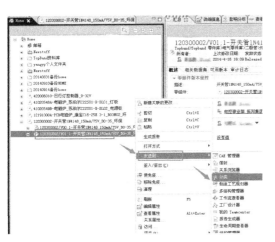

图 4.37 零组件发送到分类-1　　　图 4.38 零组件发送到分类-2

实例 4-6 进入分类中进行查询

步骤如下：

1）在分类应用程序中，选择搜索对象后，单击"搜索"按钮，也可以在右边"属性"选项卡输入具体的参数进行查询，如图 4.39 所示。

图 4.39 在分类中查询-1

2）单击"搜索"按钮后，单击"表"标签，如图 4.40 所示，即可看到表中数据，如图 4.41 所示。

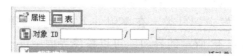

图 4.40　在分类中查询-2

M/I	对象 ID	对象名称	工厂采购量	工厂库存	工厂标准价格	工厂BOM使用	工厂品质
公制	110100593/V00	玻璃釉电阻RI40_1/2W_820K_F_1KV		1000:0.00...			
公制	110100706/V00	玻璃釉电阻RI40_1/2W_240K_F_500V		1000:0.000;			
公制	110100727/V00	玻璃釉电阻RI40_1W_820K_F_700V		1000:0.000;			
公制	110100732/V00	玻璃釉电阻RI40_1W_240K_F_1500V		1000:0.000;			
公制	110100773/V00	玻璃釉电阻RI40_2W_330K_F_2000V		1000:0.000;			
公制	110100782/V00	玻璃釉电阻RI40_1W_100K_J_700V		2000:0.000;			
公制	110100885/V00	玻璃釉电阻RI40_1W_300K_G_800V		1000:0.000;		1000:3;	
公制	110100907/V00	玻璃釉电阻RI40_1W_470K_G_800V		1000:31.000;		1000:2;	
公制	110100908/V00	玻璃釉电阻RI40_1W_400K_G_800V		1000:0.000;		1000:3;	
公制	120100440/V00	玻璃釉电阻RI82_1W_2M2_J_1000V_环保		1000:0.00...			
公制	120100480/V00	玻璃釉电阻RI40_1/2W_820K_F_1KV_环保		1000:700....			
公制	120100772/V00	玻璃釉电阻RI40_1W_100K_J_700V_环保		1000:0.00...			
公制	120100790/V00	玻璃釉电阻RI40_1/2W_240K_F_500V_环保		1000:0.000;			
公制	120101181/V00	玻璃釉电阻RI40_1W_240K_G_700V_环保		1000:0.00...			
公制	120102060/V00	玻璃釉电阻RI40_3W_0R1_J_700V_环保		2000:0.000;			
公制	120102730/V00	玻璃釉电阻RI40_1/2W_330K_G_700V_环保		1000:10.000;			
公制	120102731/V00	玻璃釉电阻RI40_1W_200K_G_700V_环保	1000:5700...	1000:2066...		1000:5;	
公制	120102731/V01	玻璃釉电阻RI40_1W_200K_G_1.5KV_金海特_环	1000:5700...	1000:2066...		1000:5;	
公制	120102764/V00	玻璃釉电阻RI40_2W_6M2_J_800V_环保					
公制	120102845/V00	玻璃釉电阻RI40_1/2W_1M_J_1000V_T52_环保					
公制	120102845/V01	玻璃釉电阻RI40_1/2W_1M_J_1000V金海特_环*					
公制	120102845/V02	玻璃釉电阻RI40_1/2W_1M_J_1000V金海特_环*					
公制	120102936/V00	玻璃釉电阻RI40_1W_303K_G_800V_环保					
公制	120102957/V00	玻璃釉电阻RI40_1W_303K_F_800V_环保					
公制	120102958/V00	玻璃釉电阻RI40_1W_300K_F_800V_环保					

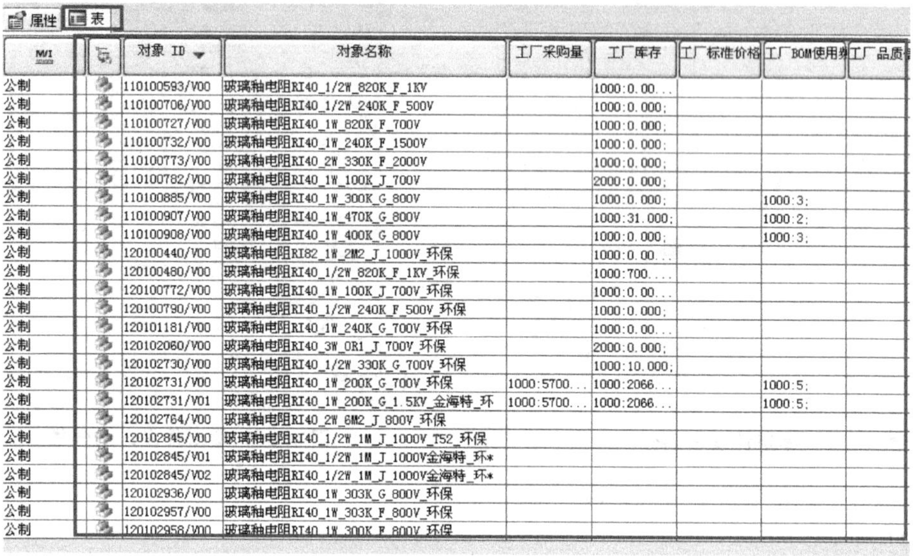

图 4.41　在分类中查询-3

3）双击任意一条列表项后进入“属性”选项卡，单击“发送到”按钮，选择“我的 Teamcenter”，如图 4.42 所示。

4）可以查看具体附件，如图 4.43 所示。

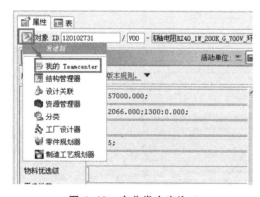

图 4.42　在分类中查询-4

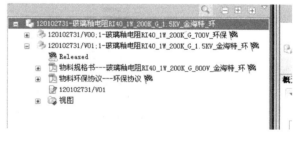

图 4.43　在分类中查询-5

习　　题

1. 简述零件分类的基本原理及其意义。
2. 简述利用 Teamcenter 建立零件分类库的一般步骤。

第 5 章

产品制造工艺管理

传统的制造工艺规划仅将产品、工艺与制造资源联系起来,并没有与工厂的实际情况映射起来。而工厂的布局恰恰又与产能、效能密不可分,这就会造成工艺只是工艺,没有与工厂有机结合,不能很好地满足工厂的工艺要求,工艺到达现场后,仍然需要优化。从而造成工艺的反复,未能实现四大数据的联动,环节缺少了一体化全息的工艺技术,不能完全地实现工艺阶段对后续制造过程的方案的分析评估。

基于单一数据源的一体化的理念,制造工艺规划支持设计工程师和制造工程师同时进行产品开发和制造规划,确保在产品设计过程中协调制造约束,以及在产品制造过程中协调设计约束。通过将设计/构建流程中的所有成员(从设计、工程和制造到工厂和供应商)关联到一个模型中,实施最佳生产规划策略,并在概念规划的早期阶段评估备选制造方案,最大限度地提高资源利用率。PLM 系统作为产品数据管理平台,必须支持从产品设计到工艺规划再到产品制造过程的数据流和信息流的传承与统一,如图 5.1 所示。在整个过程中必须考虑设计与工艺之间数据的继承,以及与 ERP、MES(Manufacturing Execution System,制造执行系统)的集成。

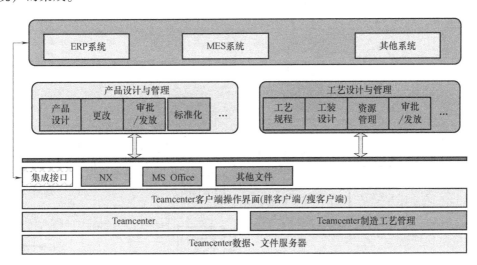

图 5.1 PLM 系统对设计、工艺、制造阶段的支持

5.1 产品制造工艺管理

5.1.1 产品制造工艺管理概述

产品设计和开发生命周期分为以下几个阶段：

（1）设计　开发团队生成定义最终产品的信息。包括对各个组件的完整描述（如几何体和公差）及装配结构。设计可能需要进行若干工艺分析，以确保符合设计规范，如应力分析和热分析。

（2）工艺　工艺规划团队将确定产品的制造方式。其中包括为产品制造制定一个总体规划，以及每个加工或装配步骤的详细设计。工艺设计完成后，可通过进行如 NC 刀轨验证和焊点分配等活动来模拟制造过程，以验证工艺的可靠性。

（3）制造　使用制造订单或其他标准将制造计划中的各个步骤指派给特定资源。制造过程开始后，MES 将收集和管理实时制造信息，控制库存并制订活动计划。

注意：这些阶段不一定要按顺序进行。例如，制造工艺可在产品设计完成之前就进行设计，这样便可以在发放整个产品设计前先制造工艺的组件。

制造工艺规划作为产品设计和工厂制造的桥梁环节，起到承上启下的作用，产品承载技术要素，工艺传递产品信息，制造实现产品功能。制造工艺规划的目标是按照单一架构及统一数据源支持的环境下，实现产品设计、工艺、制造、验证等各业务的高度融合利用数字化研发工艺这个中枢环节关联制造环境中的工厂、车间、工位和制造资源中的设备、工装量检具。为产品从概念设计到量产产品实物整个阶段提供唯一的信息源。从信息工程和工业工程角度，将虚拟化仿真技术、数字化工厂技术相结合，融入智能化分析，实现全程的数字化研发工艺规划、数字化工装设计、数字化数控编程、数字化工艺仿真模拟，并用全息数字化动态发布、出版三维可视化形式的生产指导。

从产品设计到工艺管理的一体化流程如图 5.2 所示。

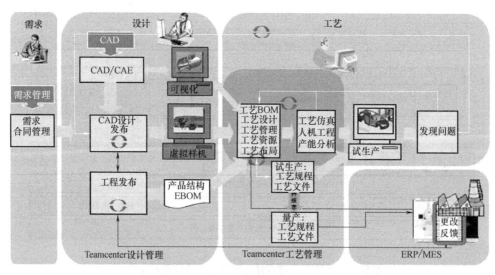

图 5.2　产品设计与制造工艺一体化

制造工艺规划的模型包括若干彼此相关的工艺和工序类型，见表 5.1。

表 5.1 工艺和工序类型及其含义

工艺和工序类型	含　　义
制造工艺	一组彼此紧密相关的制造工序及其他制造工序。这是一种将工序进行逻辑分组的机制，其中还保持了对子工艺和工艺工序间执行顺序的约束
工艺工序	工艺结构是完整制造计划的模型，描述了产品的制造方式和制造地点。工艺工序是工艺中的一个受控步骤，其中包含在一个工作区域中完成的工作，从技术角度讲，它是工艺结构中的一个叶节点
工序活动	将制造工艺分解为多个活动，各活动的开始时间和持续时间是相关联的
工位	工厂内可以向其指派制造工序的唯一位置，如喷漆室
工厂	执行工序和工艺的制造工厂
工作区域	工厂结构中的任意元素，如工厂、生产线、区段、工作间或工位。通常，一个工作区域会指派给一项工艺工序。工作区域由车间中的某个位置及其提供的工艺能力来定义
产品结构	产品结构定义了已设计的产品。它由设计工程师在 CAD 系统（如 NX）中创建，并通过 Teamcenter 进行管理。通过制造工艺管理，采用符合设计的产品结构，创建产品的备选制造视图并根据需要附加工艺定义
工序设置	可执行工艺和工序的环境的工艺特定配置模型。它描述了如何使用消耗零组件、资源和一个标准工作区域来执行某项工序
消耗零组件	产品定义中被制造工序消耗的零组件
消耗材料	由某个制造工序所消耗的零组件，但不是产品定义的一部分，如胶或油漆
原材料	执行任何制造工序前的初始"处理中"模型
处理中模型	制造工艺中在执行某项工序后的某一阶段的产品状态。原材料是制造工艺中首个工艺工序的处理中模型，任何后续的处理中模型都是通过向该处理中模型附加工作指导来创建的
资源	执行制造工艺时所需的设备，包括机床、机器人和焊枪等。一项资源可用在多项工序和工艺中
工作指导	描述如何执行工作的文档。工作指导记录了操作人员执行活动时应遵循的程序
制造特征	一组用于定义一般制造数据的实体和参数。例如，焊点及其正常位置构成的特征，描述了将两个点焊接在一起的位置
工艺规划	工艺结构、工序及工序的执行顺序共同描述了如何制造一件产品

5.1.2　基于 PLM 系统的产品制造工艺管理特点

基于 PLM 系统的产品制造工艺管理特点包括：

1）工艺数据和过程的管理。利用结构化工艺系统对制造工艺过程的所有制造工艺数据和业务过程的管理，支持结构化工艺系统的使用人员以快速、有效的方式准确地对制造工艺进行创建、修改和审核。

2）结构化工艺管理。通过对制造工艺阶段的数据结构化，实现设计、工艺和制造三大数据的有效关联，保证产品数据的一致性、有效性和继承性。解决了以往卡片式的工艺数据管理模式下的工艺数据、设计数据和制造数据之间不能互相传递的问题。同时，为智能制造提供了数据基础和支持机制。

3）工艺的有效重复利用。采用统一结构化工艺管理系统，可支持配置快速创建相似工艺，增加了工艺可重复利用效率，减少了大量工艺数据冗余。

5.1.3 结构化工艺模型

以产品结构为中心的结构化工艺模型中的核心对象包括：

（1）产品（Product） 需要进行制造的零件和装配。

（2）工艺（Process） 制造零件和装配的步骤。

（3）工厂（Plant） 支持制造工艺所用到的工厂结构。

（4）资源（Resource） 基于零件和装配工艺所必须的物理设备。

按照"3PR"（Product Process Plant Resources 即产品、工艺、工厂、资源）理念构建工艺结构清单（Bill of Process，BOP）为思想，将工艺信息按照一定的树型结构、层次结构进行管理，使得工艺数据管理更加清晰，数据检索和重用更加方便。结构化工艺的展现结果是将企业工艺规程机器工艺编制相关信息（如工艺路线、供需信息、工步信息，以及工序所指派工艺资源信息、工艺资源使用工艺参数）以树状 BOP 视图结构展示和管理。将工艺信息以层级和内部的关联关系有规则地进行层级存储及展示。如图 5.3 所示为产品、工艺、工厂、资源关系结构。

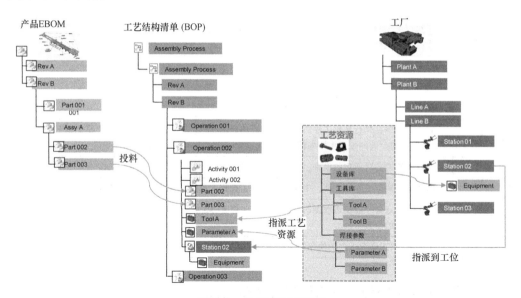

图 5.3 结构化工艺模型

5.1.4 从 EBOM 到 MBOM 的必要性

1. EBOM 和 MBOM 基本概念

（1）工程物料清单（Engineer Bill of Material，EBOM） 主要是设计部分产生的数据，产品设计职员根据客户订单或者设计要求进行产品设计，包括产品名称、产品结构、明细表、汇总表、产品使用说明书、装箱清单等信息，这些信息大部分包括在 EBOM 中。EBOM 是工艺、制造等后续部分其他应用系统所需产品数据的基础。

（2）制造物料清单（Manufacturing Bill of Material，MBOM） 根据设计的 EBOM，对工艺装配步骤进行具体设计后得到。主要描述了产品的装配顺序、工时定额、材料定额，以及相关的设备、刀具、卡具和模具等工装信息，反映了零件、装配件和最终产品的制造方法和装配顺序，展示了物料在生产车间之间的公道活动和消失过程。

MBOM 与 EBOM 是相互关联和相互影响的，不是简单的拷贝关系，而是派生与关联关系。狭义的 MBOM，是在 EBOM 的基础上，按照制造顺序，根据规则进行的 BOM 重构。与 EBOM 相比，往往去除了 EBOM 中的"虚拟层"，增加了工艺合件。广义的 MBOM，在重构的基础上，根据制造需要，增加了自制件的毛坯、半成品，甚至原材料，以及制造特征、工艺辅料等。站在生产准备和制造执行端，有时 MBOM 的范围被再次扩大，包含了制造自制件或总成、产品的所属工厂、产线、工位、工序，甚至批次信息。EBOM 与 MBOM 的关系示意图如图 5.4 所示。

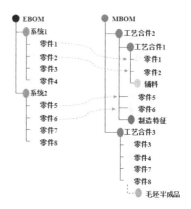

图 5.4　EBOM 和 MBOM 的关系

2. 创建 MBOM 的原因

在制造环境中工作时，PLM 系统建议根据 EBOM 创建 MBOM。这么做的原因如下：

1) 一般来说，制造工程师对 EBOM 并无写入权限，因此无法对其进行修改。例如，设计工程师可能指定某零件将需要采购，因而将属性值设为外购。但制造部门后来认为，制造该零件更为经济，他们希望将该零件的属性更改为自制，但却不具备相应的权限。

2) 装配零件时所要求的结构不同于 EBOM 结构。例如，在 EBOM 中，排气歧管属于发动机舱中的一个零件。但是在装配过程中，排气歧管必须在车身装配到底盘后安装，因为排气歧管必须穿过保险杠。这种类型的重新分组及添加制造特定零件的操作在单独的 MBOM 结构中执行最为高效。

3) 在最终装配阶段，企业通常都会有一些制造零件用在不同 MBOM 中，而这些零件只能在拥有写入访问权限的结构中创建。

4) 有时，对 EBOM 所做的更改不应立即在流程结构中反映出来。例如，可能需要使用当前零件继续生产，直至用完现有库存。通过使用 MBOM，制造工程师可以控制对 EBOM 所做的更改何时在制造流程中反映出来。

5) 有些企业并不在 Teamcenter 中编写 EBOM，EBOM 是从另一个系统导入的，因此 Teamcenter 中的 EBOM 会复制另一个系统中 EBOM 的状态。使用 MBOM 时，这些更改就可以有一个缓冲期，就能以可控的方式监控和处理它们。

5.1.5　产品制造工艺管理基本过程

产品制造工艺管理的基本过程如下：

1) 工艺从 PLM 系统中继承和提取设计产品结构 EBOM 和产品零组件属性，创建工艺结构。编制工艺规程，设定或关联与工艺/工序相关的工装、设备、车间、产品等信息。

2) 依据 EBOM 派生出相关联的 MBOM，定义承制单位、协作单位、入库关系，生成工艺路线报表。

3) 利用 PLM 系统数字化动态发布、出版三维工艺相关文件。

4) 将 MBOM 信息中含有的工艺路线、材料定额传递给 ERP 系统。

5) MES 系统在接到 ERP 系统的生产计划后,从 PLM 系统中获得相关的工艺规程数据。

5.2 利用 Teamcenter 实现制造工艺管理

5.2.1 结构化工艺设计

工艺结构介绍了如何装配或制造零件。工艺结构为分层的父子关系,子工艺之间也可以存在顺序关系,这些关系可用于指定串行工艺或并行工艺,如图 5.5 所示。

工艺指的是一个组成结构,其配置受其指派的结构的配置影响。虽然工艺是一个可区分实体,并且可以独立于零件或产品进行修订和控制,但工艺结构中的行可以被配置排除出去,具体取决于指派的结构的配置。可以使用定义配置中的结构菜单命令来指定采用哪个打开的结构配置工艺结构。

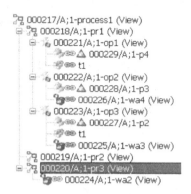

图 5.5 结构化工艺设计

结构化工艺的构建步骤如下:

1) 基于设计产品 EBOM,利用其核心"3PR"理念,经过业务需求分析,分别用不同的工艺类型来描述对象,用总工艺类型来管理所有的子工艺类型结构。通过 BOM View 反映这个零件所完成的工艺规程,子工艺类型可以有毛坯工艺、零件加工工艺、热处理工艺、表面处理工艺、注塑工艺、焊接工艺和冲压工艺等。子工艺下包含工序,工序又分下料工序、通用加工工序、数控工序和检验工序等。

2) 在总工艺节点下创建子工艺节点,然后在子工艺节点下按需求创建加工工序节点。这些工艺和工序节点构建出工艺的 BOP 结构。具体有两种操作方法:①可以按照产品或者零件的特性手动逐步创建工艺结构;②也可以从工艺资源库中选择某类型产品或零件的典型工艺作为模板自动创建出当前对象的工艺 BOP 结构,然后再做个别调整。

3) 根据实施企业的工厂布局,可以将工厂、车间和设备模型定义出来,通过与工厂隶属管理,将设备与工厂布局关联,为设备赋予工厂布局属性,这样工厂结构就可以在工艺设计过程中被使用。

4) 将子工艺节点关联工厂的车间区域,并在子工艺节点下的相关工序节点上指定工作中心或者工段上的设备。

以上描述的工艺、工序、工厂结构模型,都有各自对应的属性表,用于描述其自身的信息。通过以上设计和工艺的 3PR 关联,二者之间会建立某种引用关系,无论对于设计人员还是工艺人员,都可以通过这种关系快速、有效、准确地定位到需要的对象。

5.2.2 创建工序与活动

每个工艺结构都包含独立的工艺工序。这些工序描述了产品制造工艺中的各个步骤。每个工序都是在车间的特定工作区域执行的。制造工艺模型中可以包括许多不同类型的工序。工序类型示例包括:加工(NC CAM)工序、涂漆、质量控制、热处理、装配和焊接。

每个工序的版本是独立受控的,且可以由多个工艺规划共享。每种工序类型与不同类型的数据关联。通常,这些数据的分类见表5.2。

表 5.2　工序相关数据

数据类型	含　义
输入数据	上一个工序或活动的结果,如在上一步生成的处理中模型
工作指导数据	包括执行工作所需的所有信息,包括关于工装、设置及执行工序需要的工序的信息。如果未明确定义工作区域,工作区域的要求将作为工作指导的一部分来指定
输出数据	在将工作指导应用于输入数据时生成,包括生成的处理中模型及在下一步工序或活动中要用到的任何说明
分析数据	从用于在不同工艺工序之间执行分析的工作指导中派生的,包括成本和时间
产品数据	与产品结构中的一个或多个产品相关联
工作区域数据	与一个工作区域相关联
资源数据	引用在完成过程中使用的资源,如工作区域的标准设备或所需的其他零组件

1. 管理协同关联

协同关联用于在特定配置中保存多组数据。一个协同关联是一个 Teamcenter 对象,它保存着结构和配置关联中包含的一组数据。通过这些数据,可以在一个容器内捕捉多个不同的 Teamcenter 结构。在多结构管理器应用程序、制造工艺规划器或零件规划器中可以打开协同关联。使用协同关联树视图可以操控协同关联中的对象。

协同关联包含任意数量的结构关联和一个配置关联。结构关联中可以包含任意 BOM 或装配结构,它包含事例组、零组件和零组件版本。配置关联包含适用于协同关联的版本规则、变量规则、结束规则及各种按钮的当前状态。这些按钮状态会影响在结构树和视图中看到的对象,如显示未配置的变量或显示未配置的更改。

2. 关联产品和工艺结构

在完成定义构成制造工艺的所有工序和活动后,需要在该工艺与其制造的产品之间建立关系。要进行此操作,需要将此产品关联为该工艺的目标零组件。另外,还可以向具有特定事例类型的工艺结构指派产品零件。表5.3列出了一些可用的事例类型。

表 5.3　一些可用的事例类型

事例类型	用　途
MEAssign	向工艺指派零件时可使用
MEConsumed	在执行从料箱取零件工序时使用
METool	用于将工具指派到工艺和工序
MEResource	用于将设备指派到工艺和工序
MEAssemble	在执行将零件附加到产品的工序时使用
MEDisassemble	在执行零件拆卸工序时使用
MEHandle	当所有其他关系均不适用于工序时使用
MEFeatureAssign	在将制造特征指派到工序时使用
METarget 和 MEOther	用于其他类型的指派,这些指派不涉及工序的消耗、处理、装配、拆卸及工艺的指派

3. 时间视图

时间视图可以管理相关活动、工序和工艺的时间信息。可以先估计执行工序所需的时间，然后定义保留时间信息的活动以优化时间信息。可以定义每个活动的类别（如有附加值或无附加值），然后分析整个工艺结构（或任何其他工艺级别）中用于每个类别的时间。使用时间视图还可以从低级到高级累积时间信息，并定义每个叶节点的分配时间。

时间视图提供特定于工艺或工序的信息，使其外观随选择而改变。时间存储在工艺或工序上的时间分析表单中。活动时间直接作为类上的字段存储，而与工艺或工序不同的是，没有附加活动时间表单。在时间视图中可以修改时间，这些更改随后会反映在表单中。数据库以 s 为单位存储时间。在时间视图中可以配置显示哪些单位。

5.2.3 创建工厂结构

一个典型的工厂结构实例如图 5.6 所示。

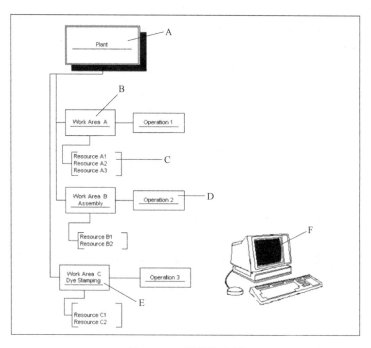

图 5.6 工厂结构实例

图 5.6 所示 A 表示整个工厂；B 表示工厂内的工作区域、区段、生产线单元或工位；C 表示资源，每个工作区域可以包括在工作区域中永久定位的资源；D 表示将用于制造产品的某个工艺的工序指派到执行它们的工作区域；每个工作区域的典型配置是标准设备，但是也可以专门配置执行特定工序所需的任何设备，如 E；F 中如果需要特殊资源，则应创建工作指导，解释如何配置工作区域才能满足工序的特定需要。如果合适，可创建工作流程以发放工作指导。例如，如果工艺工序要求的工具不在指派的工作区域内（如那些作为工作区域 C 的一部分的工作区域），则生成工作指导来指定需要提供哪些工具并在执行工艺工序时安装这些工具。

实例 5-1　工艺资源管理

1. 新建制造资源零组件对象

下面以新建"设备"为例，介绍系统内资源的创建方法，其他类型创建方法一致：

第5章 产品制造工艺管理

1）在"我的Teamcenter"中，选择存放资源的文件夹（A），依次单击"File"→"Open With…"（B），如图5.7所示。

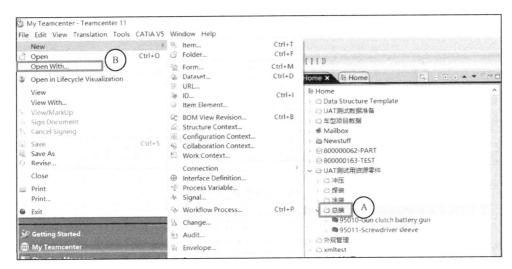

图5.7 工艺资源管理-1

2）选择所需的资源类型，如"Equipment"（A），单击"Next"按钮（B），如图5.8所示。

3）资源创建完成（A），如图5.9所示。

图5.8 工艺资源管理-2　　　　图5.9 工艺资源管理-3

2. 上传资源数模

步骤如下：

1）选中需要上传数模的资源版本（A），依次单击"File"→"New"→"Dataset…"（B），如图5.10所示。

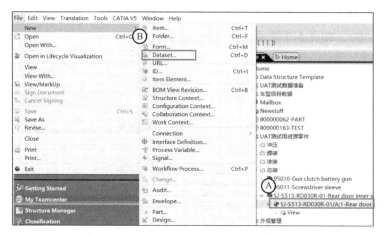

图 5.10　工艺资源管理-4

2）选择"CATPart"数据集类型（A），单击"Import"的菜单上传数模（B），选中 CATPart 文件（C），单击"Upload"按钮（D），如图 5.11 所示。

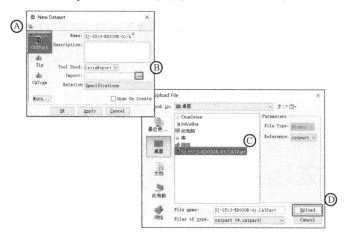

图 5.11　工艺资源管理-5

3）单击"OK"按钮（A），上传资源数模完成（B），如图 5.12 所示。

图 5.12　工艺资源管理-6

3. 发布资源

步骤如下:

1) 选择需要发布的资源(A),依次单击"File"→"New"→"Workflow Process…"(B、C、D),如图 5.13 所示。

图 5.13 工艺资源管理-7

2) 选择"BOP200-Resource-Data Release"流程模板(A),如图 5.14 所示。

3) 对"校对""批准""资源入库"等节点指派执行人员(A、B),单击"OK"按钮(C),如图 5.15 所示。

图 5.14 工艺资源管理-8

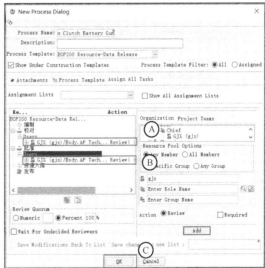

图 5.15 工艺资源管理-9

4) 在"My Worklist"选项卡中选择资源的审核任务执行审核操作,操作如图 5.16 所示(A、B、C、D、E、F)。

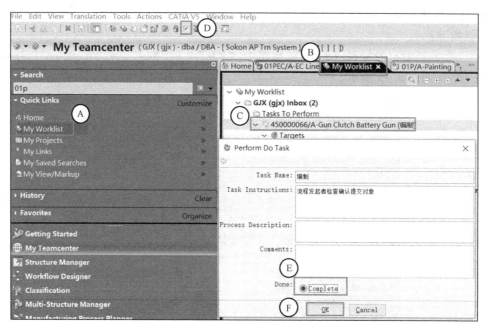

图 5.16 工艺资源管理-10

5）参照步骤4）方法，完成校对和批准节点的流程审批后，资源将变为发布状态。

4．资源归档至分类

注意：资源归档至分类需要对该资源具有分类权限。

步骤如下：

1）资源库管理员在"My Worklist"选项卡中接收到资源入库的流程任务后，右击需要归档的资源在下拉菜单选择"Send To"→"Classification"（A、B、C、D、E），如图5.17所示。

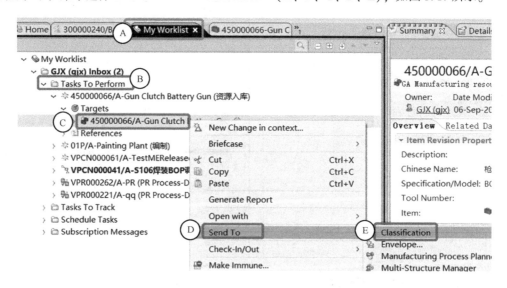

图 5.17 工艺资源管理-11

2）在"Classify Object"的对话框中，单击"Yes"按钮（A），在"Classification"选

项卡左侧的分类树中单击选择该资源需要分类的节点，填写该分类的属性信息，并单击工具栏的"保存"按钮（B、C、D），如图5.18所示。

图5.18　工艺资源管理-12

3）切换到"Table"选项卡，查看已分类的对象（A、B），如图5.19所示。

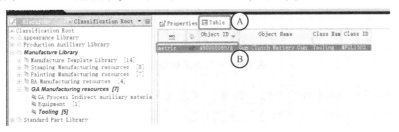

图5.19　工艺资源管理-13

4）切换到"My Worklist"选项卡，选择"资源入库"流程任务，单击工具栏"执行"按钮（A、B、C），在弹出对话框中，勾选"Complete"复选按钮，单击"OK"按钮，如图5.20所示。

图5.20　工艺资源管理-14

实例 5-2　工艺结构搭建

工艺结构搭建一般由工艺工程师完成，部分企业由于没有专门的工艺工程师，也会由设计工程师进行工艺结构搭建。搭建思路：先将制造目标（即设计对象）发送到制造工艺规划器，然后切换到"工艺"标签，在此标签新建工艺、工序、工步对象；创建完成后，将工艺结构与制造目标进行标签关联，关联完成后对各个工序或者工步完成下料操作；如果需要，还可以切换到"工作区域"标签新建工作区域，包括工厂、工位等。以下示例实现将设计零件发送到制造工艺规划器并创建工艺规划路线，同时关联工艺与制造目标并完成工序模型下料。

1）将制造目标（以单独零件为例）发送到"制造工艺规划器"，如图 5.21 所示。

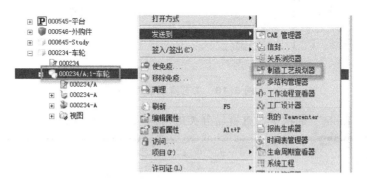

图 5.21　工艺结构搭建-1

2）发送成功后，切换到"工艺"标签，如图 5.22 所示。

3）依次单击"文件"→"新建"→"工艺…"新建工艺，如图 5.23 所示。

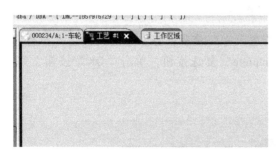 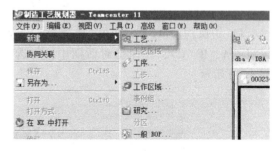

图 5.22　工艺结构搭建-2　　　　图 5.23　工艺结构搭建-3

4）选择工艺类型，默认为"MEProcess"，如果需要其他工艺类型，则需要定制，如图 5.24 所示。

5）单击"下一步"按钮，输入 ID、版本、名称及其他属性信息，单击"完成"按钮，如图 5.25 所示。

6）选择创建好的工艺对象，依次单击菜单栏"文件"→"新建"→"工序…"，新建工序，如图 5.26 所示。

7）选择所需的工序类型，单击"下一步"按钮，如图 5.27 所示。

8）输入工序对象 ID、版本、名称及其他属性信息，单击"完成"按钮，如图 5.28 所示。

第5章 产品制造工艺管理

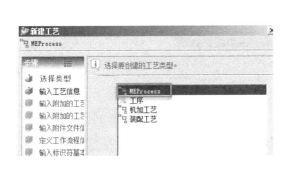

图 5.24 工艺结构搭建-4

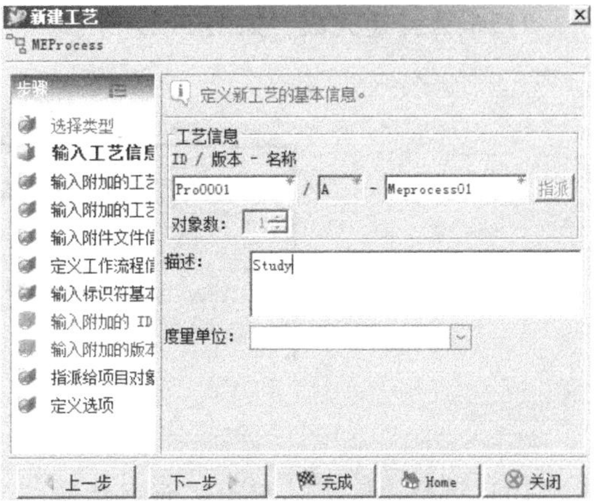

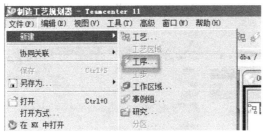

图 5.25 工艺结构搭建-5

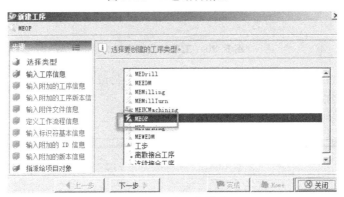

图 5.26 工艺结构搭建-6

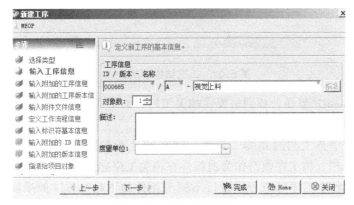

图 5.27 工艺结构搭建-7

图 5.28 工艺结构搭建-8

9）最终搭建完成，如图 5.29 所示。

图 5.29　工艺结构搭建-9

10）选择顶层工艺对象，右击选择"关联/联系"→"关联产品为目标…"，如图 5.30 所示。

图 5.30　工艺结构搭建-10

11）切换至"左侧制造目标产品"标签，选择"制造目标"，单击"添加当前选择菜单"按钮并确定，完成关联，如图 5.31 所示。

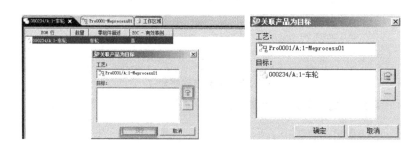

图 5.31　工艺结构搭建-11

12）回到"Home"界面，找到需要在相关工序下料的工序模型对象，右击并选择"复制"到剪贴板，如图 5.32 所示。

13）返回到"制造工艺规划器"界面，找到刚才新建的工序对象，右击选择"粘贴为"→"MEConsumed"，将工序模型作为消耗件在相关工序完成下料，如图 5.33 所示。

14）同理，为各个工序对象分别进行不同消耗件的下料操作。如果需要，则还可以在右侧"工作区域"标签对此工艺新建工位信息，最终完成整套工艺编制。

第5章 产品制造工艺管理

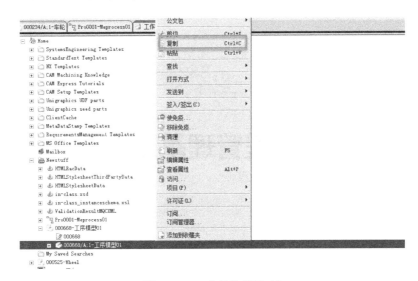

图 5.32　工艺结构搭建-12

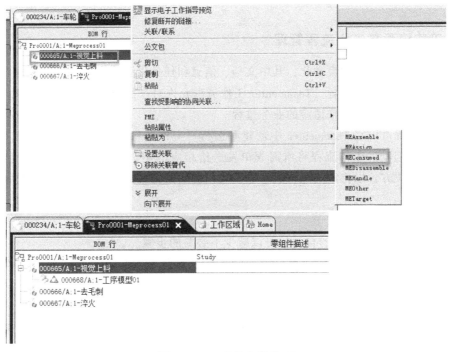

图 5.33　工艺结构搭建-13

习　　题

1. 简述 EBOM 与 MBOM 的联系和区别。
2. 什么是结构化工艺设计？
3. 简述在 Teamcenter 中进行工艺结构搭建的一般步骤。
4. 简述利用 Teamcenter 实现制造工艺规划管理的内容。

第 6 章

工作流程管理基础应用

6.1 工作流程

6.1.1 工作流程与工作流程管理

工作流程是业务过程的自动化,其中文档、信息和任务以受规则或过程管理的方式从一个参与者传递给另一个参与者。Teamcenter 工作流程允许对产品数据流程进行管理。可以创建所需的任何类型工作流程来适应的业务过程。

生产工作流程可以在 Teamcenter 中创建和运行。工作流程针对每个产品版本(包括每个测试版本)而启动。工作流程将所需表单发送给相应的用户,验证产品需求,将审批和通知传给利益相关方,以特定间隔将成本电子表单发送给财务部门,并严格管理公司的更改流程。

业务流程自动化的优点在于:
1) 改进效率。业务流程的自动化可以减少不必要的步骤。
2) 更好的流程控制。采用标准化的工作方法及审计跟踪记录,企业业务流程更易于管理。
3) 改进客户服务。采用一致的业务流程,提高对客户响应级别的可预测性。
4) 灵活性。计算机建模的流程可以迅速、简便地重新设计,从而适应不断变化的业务需求。
5) 持续改进流程。业务流程中的最终重点在于流线化和简化。

工作流程管理的基础是过程模型的计算机实现,对分配任务、监督控制、管理信息和设计决策提供支持。工作流程管理体系具有以下特性:①规定活动的开始和结束条件;②与工作流程相关的数据信息管理和电子数据信息的交换;③支持分布式过程模型建造与执行;④图形化的过程定义工具。审核批准流程管理和变更流程管理是比较典型的工作流程管理。

6.1.2 PLM 系统中的工作流程与过程管理

PLM 系统中的工作流程与过程管理是对整个产品在全生命周期中进行全面的管理和控

制,包括产品数据的提交、修改、监视、文档的发布及自动通知等,是项目管理的基础。主要用于管理用户对数据进行操作时可能发生的各种情况,以及工作人员之间的数据输送和在全生命周期内跟踪所有相关事物和数据的活动,修改后的产品数据经提交、审批及最后登记变为新版本(大、小版本)的产品数据。工作流与过程管理为实现自动的产品研发管理提供了保证,同时支持产品开发过程重组以便获得更大的经济效益。

1. 工作流程管理的内容

工作流程管理与 3R 问题[即路线(Routes)、规则(Rules)和角色(Roles)]紧密相关,加工路线规定了目标及所定义的目标的传送路线,其中目标包括文档、形式、事件、部件及消息等。规则规定了信息的处理路线及加工路线的问题,即工作流程下一步的方向和如何处理非正常情况的方法。工作流程中的工作任务规定了作业的自主功能,由执行该操作的用户提供。

PLM 系统中的工作流程管理包括:

(1) 审批流程管理 在企业产品设计中,设计是通过审批过程决定是否能被通过的。一般的审批过程包括以下步骤:设计者将设计的信息提交给相对应的审批人员,审批人员对设计过程中存在的问题提出审批意见,然后连同设计文档返还给设计人员,设计人员再根据审批意见进行修改并再次提交,等所有的审批者都通过后设计文档就可以存档发放,以供其他相关人员查询和共享使用。由于传统过程是使用纸质文件传递的,往往只做一份,所以如果某位审核人员没有及时审批就会导致整个审批流程的停滞,从而延误了审批过程。

PLM 系统的审签流程是根据企业制订的审批规则、审批权限和审批顺序进行审批的。设计人员完成设计任务,将其提交到 PLM 系统,审批流程即正式开始,PLM 系统会按照事先制订好的顺序将设计文档发送到相关的审批人员并提示他们查收,与此同时文档信息变更为提交状态,设计人员只能对文档进行浏览而不能对其进行修改。当需要多个审批者签字时,PLM 系统会自动拷贝每一份资料到每一个审批者手中,使审批流程可以同时进行,从而提高了工作效率。PLM 系统是根据权限对产品进行审批控制的。当所有的审批步骤都完成批准之后,文档资料的状态便会自动被修改为发放状态,按照预先设定的权限变更为发放版本。

传统的审批在纸质文件上进行,通过相关人员亲笔签名或盖章来保证其真实性。PLM 系统的审批工作流程则是计算机化的网上审签过程。一个典型的审批流程如图 6.1 所示。

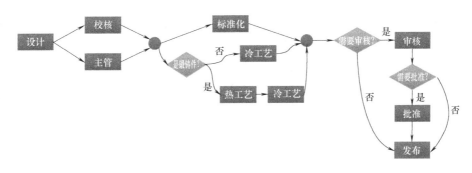

图 6.1 典型的审批流程

(2) 变更流程管理 变更是指对已经处于发放状态的文档资料进行修改。在产品的设计过程中是需要不断对文档资料进行变更和完善的。变更是整个设计流程中十分重要的流程。

设计变更的业务流程一般经历以下过程：首先由变更发起者提出变更申请，并说明变更原因、需要变更的内容，然后由上一级主管人员对其进行审批，如没有批准，则通知变更发起者变更过程中止。如变更请求通过，则要下达变更任务并告知相关人员暂且不要引用需要变更的资料，变更申请者按照变更规定，进行变更操作，对资料进行改动，产生新版本的资料还需要进行审批。审批通过之后，这些资料便变更为发放状态。最后所涉及的各个部门都将收到变更通知。

2. PLM 系统中工作流程处理产品的基本过程

PLM 系统中工作流程处理产品的基本过程如下：

1) 提交文档。任务执行者在本地电脑上设计完文档后，即可提交到 PLM 系统，产生数据对象。

2) 审批过程。审批工作人员登录系统后，自动接收到审批任务，然后对文档进行审核，决定该文档是否通过。

3) 数据归档。文档审核通过后，对其进行审批返签和数据归档，至此工作流程结束。

6.2　Teamcenter 中的流程管理

6.2.1　工作流程查看器

与"我的 Teamcenter"中的工作流程方面的功能相比，工作流程查看器应用程序提供了更多这方面的功能。在工作流程查看器中可以：查看发起的任何工作流程，无论该流程当前是处理中还是已完成，均是如此；如果有写权限，可编辑活动的工作流程。

通过选择某一任务并选择查看器视图中的流程视图，可以查看工作列表中的工作流程。但使用此方法只能查看包含指派给的且位于工作列表的任务的工作流程。

即使不是某个特定工作流程的参与成员，也可使用工作流程查看器查看该工作流程的进度。如果拥有工作流程数据的读取权限，则无论该工作流程当前正在处理中还是已，完成都可以查看数据库中的任何工作流程。

注意："我的 Teamcenter"中的我的工作列表旨在提供更为简洁的流程，以便查看关联的工作流程。工作列表只列出可以执行或被指派要跟踪的任务。

如图 6.2 所示，工作流程显示更改管理任务已完成，作者技术建议任务已启动，而其余任务正在等待处理。可以通过检查更改类型任务（一个条件任务）的名称，判断工作流程分支是流向作者决策环节还是更改配置审核委员会（CRB，Configuration Review Board）业务决策环节，具体取决于工作流程的目标更改对象类型。

6.2.2　工作流程设计器

工作流程源于以下概念：所有工作都通过一个或多个工作流程来完成目标。工作流程是业务过程的自动化。在完成某个特定工作流程期间，文档、信息和任务都通过工作流程在参与者之间传递。

系统管理员使用工作流程设计器来设计工作流程模板，以将公司的业务实践和过程整合到工作流程模板中。最终用户使用这些模板在我的 Teamcenter 和工作流程查看器中发起工

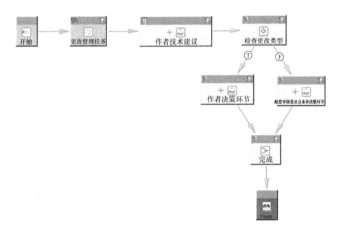

图 6.2 工作流程示例

作流程。

要在工作流程设计器中设计和维护工作流程,可以执行以下操作:创建模板、查看模板、将任务添加到模板中、链接任务、修改任务,以及导入和导出工作流程模板。

6.2.3 流程模板设计

系统管理员登录系统,选择工作流程设计器应用程序,进入工作流程设计器应用程序界面。

1. 工作流程任务模板

系统中常用工作流程任务模板有 Do 任务、审核任务、条件任务、发布任务等。

(1)"Do"任务 是一个包含"EPM-hold handler"的任务模板,当任务开始后,"EPM-hold handler"能阻止任务自动完成。这个任务模板有一个用户对话框,当任务完成后,用户可以选中对话框中的复选框表明任务已经完成。

(2)"审核"任务 是一个包含"select-signoff-team"子任务和"perform-signoffs"子任务的任务模板。"select-signoff-team"子任务用于指定执行审核的人员,而"perform-signoffs"子任务则用于执行审核任务。在设计工作流程时可以为"select-signoff-team"子任务限定执行此任务的组或角色,这样在启动流程为流程指定相关人员时,人员就被限定在指定的组或角色内。

(3)"添加状态"任务 用于为流程中的目标对象添加一个发布状态。在流程设计时,在该任务模板属性中选定发布状态,当流程启动后,将自动完成目标对象的发布状态。

(4)"或"任务 当多个处于同一层次上的任务中只要有一个发生就能触发它们的后续任务时,需要用"或"任务。不管"或"任务有多少前驱任务,只要有一个完成,系统就执行该任务,推动流程继续走下去。

(5)"条件"任务 用于分支流程。条件属性有一个结果属性,可以设置为以下三个值:True、False 和 Unset。创建一个流程时,"条件"任务的两种后续任务根据实际需要分别把条件路径设置为 True 和 False,从而建立与"条件"任务的关联。在流程设计中,"条件"任务一般需要与"或"任务组合使用。

2. 新建工作流程模板

（1）新建节点模板　系统管理员于工作流程设计器应用程序中，单击菜单栏"文件"→"新建根节点模板…"，如图 6.3 所示。

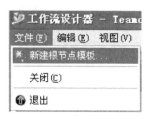

图 6.3　新建流程模板-1

打开"新根节点模板对话框"，输入新根节点，模板名称。如果该流程可基于已有流程新建，则可从"基于根节点模板"下拉菜单中选择已有流程；否则，默认选择"空模板"即可。"模板类型"选择"流程"选项，单击"确定"按钮，如图 6.4 所示。

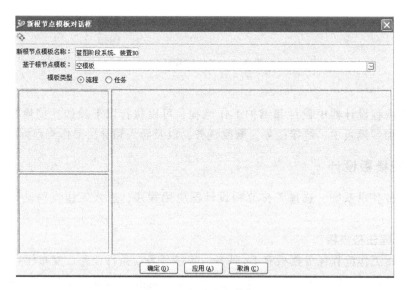

图 6.4　新建流程模板-2

可在新建工作流程窗口中选择任务模板以创建新的流程模板。添加新任务模板的步骤：在工具栏中单击需要的任务模板，移动鼠标到流程创建区域空白处双击任务模板将被添加到新建流程区域内，在左侧的"名称"文本框中修改任务名称。注意：修改完成后，鼠标需要单击拥有该名称的任务或单击上侧流程树中的空白处，如图 6.5 所示。

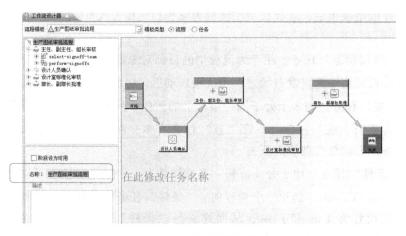

图 6.5　新建流程模板-3

任务模板添加完成后，需要通过流程箭头指定流程任务的先后执行顺序，方法如下：选择作为前续任务的任务节点，拖动鼠标到作为后续任务的任务节点处并松开，一个连接前、后任务节点的箭头将出现在两个任务中间，如图6.6所示。

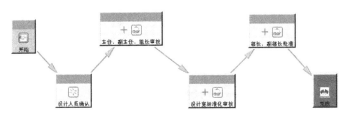

图 6.6 新建流程模板-4

（2）流程回退任务的设置　对于流程中的审核节点，如果审核人不通过，则需要把任务回退到相应节点，这时需要设置流程的回退。Teamcenter中流程回退有比较简单的方式，使用反向箭头来实现：鼠标放到需设置回退功能的任务节点处，拖动鼠标到流程将回退到的任务节点上，此时在原来已有连接箭头的基础上，出现一个反向箭头，选中该反向箭头，右击设置为"拒绝"路径，此时反向箭头会变成虚线箭头，表示当审核任务执行结果为拒绝时，流程路线将沿虚线箭头返回，如图6.7所示。

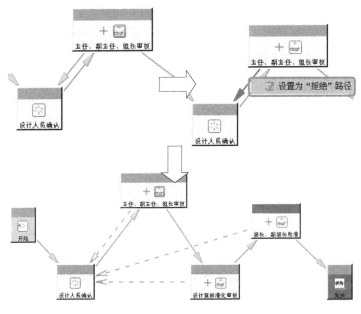

图 6.7 新建流程模板-5

3. 修改任务属性

（1）设置任务超时提醒　设置任务超时提醒后，如果任务执行人没有在设置时间内执行任务，则系统将给任务执行人发送Teamcenter内部邮件通知。

任务超时提醒设置方法：单击工作流程设计器左下角的"显示任务属性面板"按钮，弹出"属性"对话框，在"持续时间"文本框后单击"设置"按钮，弹出"设置持续时间"对话框，填入持续时间。例如，如果收到任务15min后仍然没被执行，则需要发送邮件通知，可在分钟文本框中输入15，单击"确定"按钮。在接收者文本框后单击"设置"按钮，弹出"选择接收者"对话框，选择任务超时后将接收超时提醒的组或用户，如图6.8所示。

图6.8　修改任务属性-1

（2）设置任务签发　对于审核任务，可为其子任务"select-signoff-team"指定签发概要表。当客户端新建工作流程时，需要根据流程模板中指定的签发概要表指定任务执行人。例如，项目部标准化审核任务节点设置如下签发概要表："组"为标准化项目部、技术中心/标准化人员组，"角色"为标准化人员，"审核者数"是1，如图6.9所示。

图6.9　修改任务属性-2

当客户端新建工作流程指派任务执行人时，必须至少指定一位角色为标准化组的标准化人员的审核者来执行审核任务。通过指定签发法定人数的数字或百分比，可设置任务审核通过的标准。例如，指定审核者数为3，指定签发法定人数为1，则在客户端执行该审核任务时，3人中只要有1人审核通过，即使其余2人拒绝，流程也将继续执行。

（3）流程模板过滤　创建流程模板后，可根据权限设置流程模板过滤，针对具体的组为其指定特定的流程。通过这种方法可为不同组的用户筛选不同的流程，流程模板过滤由系统管理员来设置。

在流程模板过滤器中可为一个组指派多个流程模板，其中每个流程模板都基于一个具体的对象类型。例如，基于"Item Revision"的零组件类型，为研发部这个组指派多个流程模板，这样当研发部这个组中的成员针对版本零组件新建工作流程时，可选的流程模板列表仅限于流程模板过滤器中指派的流程模板。

流程模板过滤器设置方法如下：

系统管理员在"工作流程设计器"界面中，选择菜单栏的"编辑"→"模板过滤器"，如图 6.10 所示。打开"流程模板过滤器"对话框，如图 6.11 所示。

图 6.10 "流程模板过滤器"菜单命令

在"流程模板过滤器"对话框中，从"组名"下拉框中选择"研发部 DFTest"这个组，从"对象类型"下拉框中选择"Item Revision"零组件类型，从"定义的流程模板"中选择研发部对零组件类型为"Item Revision"的对象将使用到的流程模板，单击"向左添加" ◀ 按钮，流程模板将添加到左侧的"指派的流程模板"中，单击"确定"按钮。

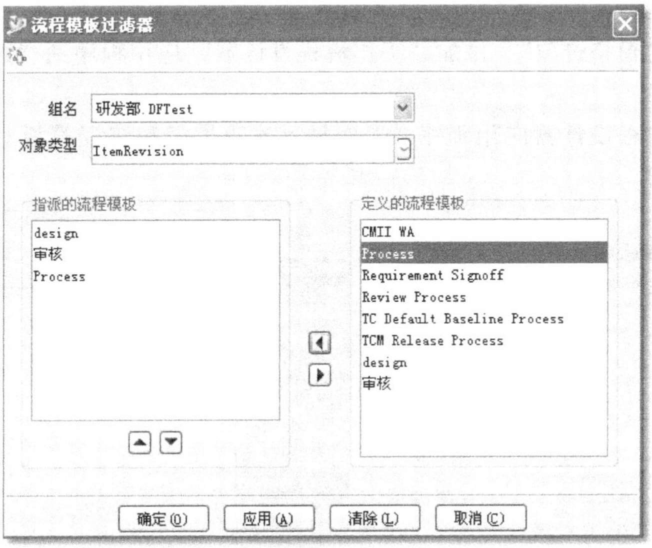

图 6.11 "流程模板过滤器"对话框

在默认情况下，用户新建工作流程时，系统界面中会有"流程模板过滤器"的提示。如果选中"全部"选项，则流程模板列表将列出所有模板；如果选中"指派的"选项，则流程模板列表中的流程模板限制为流程模板过滤器中指定的针对用户所在组及对象类型指派的流程模板，如图 6.12 所示。

系统管理员可通过设置系统的首选项"CR_allow_alternate_procedures"值为"none"，这样当用户新建工作流程时，界面中"流程模板过滤器"提示消失，"流程模板"列表中只有流程模板过滤器中指定的针对用户所在组及对象类型指派的流程模板，如图 6.13 所示。

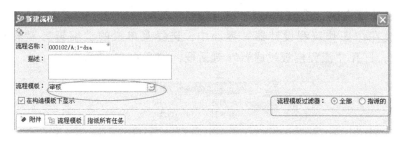

图 6.12 在"新建流程"中使用"流程模板过滤器"

图 6.13 在"新建流程"中不使用"流程模板过滤器"

实例 6-1 找到工作流程设计器应用程序

步骤如下:

1) 启动 Teamcenter 客户端,使用管理员账户登录。

2) 在导览面板的底部选择"配置用户程序"。

3) 选择"导览窗格选项",添加"工作流程设计器"应用程序到"选定的应用程序",如图 6.14 所示。

4) 打开工作流程设计器应用程序,界面显示流程模板和流程模板对应的任务节点信息,如图 6.15 所示。

图 6.14 添加"工作流程设计器"应用程序

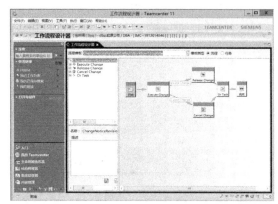

图 6.15 打开流程模板

实例 6-2 新建工作流程模板

步骤如下:

1) 单击菜单栏"文件"→"新建流程根节点模板",在弹出的"新根节点模板"对话框,填写"新根节点模板名称",单击"确定"按钮,如图 6.16 所示。

2) 查看创建好的流程初始空模板界面,工具栏上有常用的任务按钮,如"Do""审核""发布状态"任务等,如图 6.17 所示。

第6章　工作流程管理基础应用

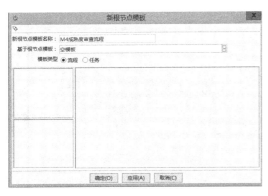

图6.16　新建工作流程模板-1

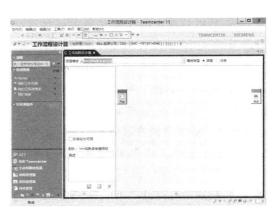

图6.17　新建工作流程模板-2

3）单击工具栏上"Do"按钮，双击流程编辑区域系统自动创建该"Do"任务，在名称区域填写该"Do"任务的名称，查看创建好的"Do"任务，如图6.18所示。

4）单击工具栏上的"审核"按钮，双击流程编辑区域系统自动创建该"审核任务"，在名称区域填写该"审核"任务的名称，查看创建好的"审核"任务，如图6.19所示。

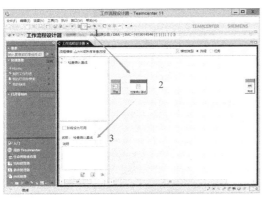

图6.18　新建工作流程模板-3

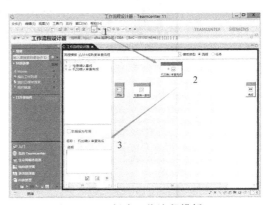

图6.19　新建工作流程模板-4

5）可以上下左右拖动任务节点，以调整该任务节点的位置，如图6.20所示。

6）鼠标单击拖拽任务A到任务B以建立任务之间的流程走向，流程始终是以"开始"节点作为流程启动节点，以"完成"节点作为流程结束节点，如图6.21所示。

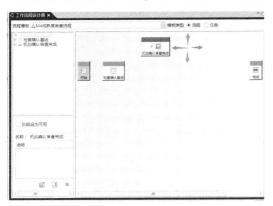

图6.20　新建工作流程模板-5

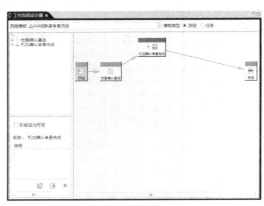

图6.21　新建工作流程模板-6

7）参照上述步骤完成其他审核任务的创建及流程任务的流转定义，如图 6.22 所示。

8）展开"审核"任务，选择"审核"任务下的"select-signoff-team"子任务，定义该审核任务节点概要表信息，定义审核该"审核"任务的"组"和"角色"，单击"创建"按钮，如图 6.23 所示。

9）按照步骤打开"审核"任务的"处理程序"面板，添加流程驳回节点定义，其中"审核"任务均需要定义该驳回信息（流程其他的处理定义需要管理员参照帮助文档配置），如图 6.24 所示。

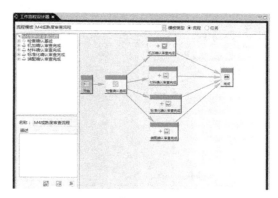

图 6.22　新建工作流程模板-7

10）确认流程模板的概要表、流程流转和驳回走向均已经定义完成，单击"阶段设为可用"复选选项可以启动该流程模板，如图 6.25 所示。

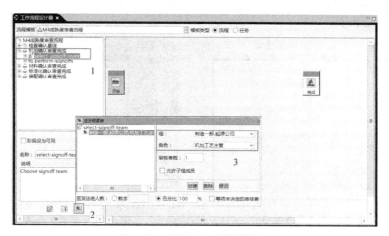

图 6.23　新建工作流程模板-8

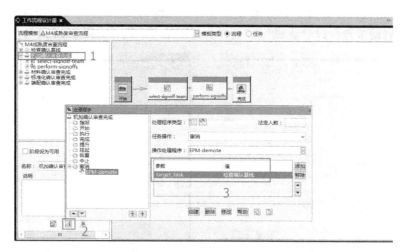

图 6.24　新建工作流程模板-9

第6章 工作流程管理基础应用

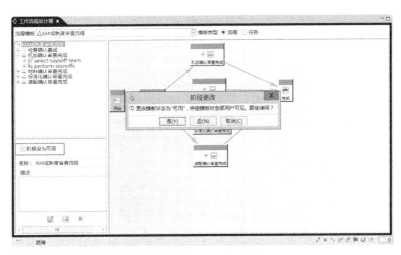

图 6.25 新建工作流程模板-10

实例 6-3 发起工作流程

步骤如下：

1）Teamcenter 用户在完成数据设计后，可以使用 Teamcenter 管理员创建的工作流程模板，进行数据在线审核。

2）启动 Teamcenter 客户端，使用普通账户登录，选择菜单栏"工具"→"流程指派列表"→"创建/编辑…"，如图 6.26 所示。

图 6.26 发起工作流程-1

3）在"创建/编辑指派列表"对话框填写流程指派列表的"名称"，选择"审核"任务的概要表，在右侧"组织"选项卡中添加用户，最后单击"创建"按钮，完成指派列表的创建，如图 6.27 所示。

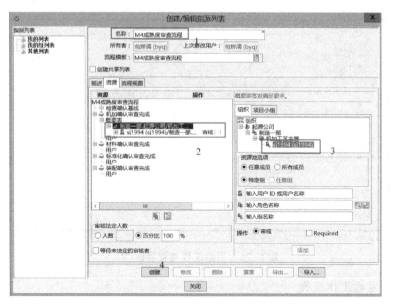

图 6.27 发起工作流程-2

4) 在 Teamcenter 中完成产品数据的设计,如图 6.28 所示。

5) 选择设计数据的版本,选择菜单栏"文件"→"新建"→"工作流程…",如图 6.29 所示。

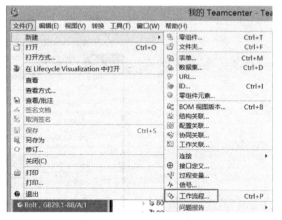

图 6.28 发起工作流程-3　　　　图 6.29 发起工作流程-4

6) 在弹出的"新建流程"对话框中选择工作流程模板,如"M4 成熟度审查流程",如图 6.30 所示。

7) 在流程"指派列表"下拉框中选择指派的流程,预设的流程选择人员将被自动添加,如图 6.31 所示。

8) 确认流程的审核任务均已经选择了流程审核人员,单击"确定"按钮,发起流程审核,如图 6.32 所示。

9) 流程发起后设计数据版本及版本下的数据集将自动提交到任务流程,如图 6.33 所示。

第6章 工作流程管理基础应用

图 6.30 发起工作流程-5

图 6.31 发起工作流程-6

图 6.32 发起工作流程-7

图 6.33 发起工作流程-8

10）进入"我的工作列表"选项卡，在"要执行的任务"文件夹下查看待完成的"Do"任务，如图 6.34 所示。

图 6.34 发起工作流程-9

实例 6-4 执行工作流程任务

步骤如下：

1)对"Do"任务确认并检查数据,然后在"查看器"选项卡中单击"完成"选项,并单击"应用"按钮提交"Do"任务,如图6.35所示。

图6.35 执行工作流程-1

2)在完成"Do"任务后,流程将自动流转到下一个环节,流程审核人员将自动收到流程任务。

3)流程审核人员登录Teamcenter,然后单击"我的工作列表"标签,在"要执行的任务"文件夹下查看待审核的任务,选择任务在右侧"查看器"选项卡中可以查看当前流程的审核进度,如图6.36所示。

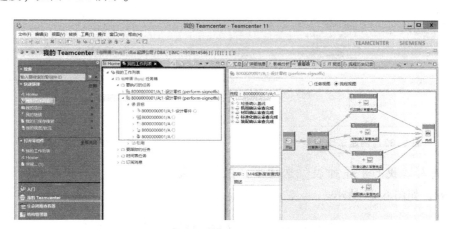

图6.36 执行工作流程-2

4)流程审核人员检查流程数据,然后在"查看器"选项卡中切换到"任务视图"选项,单击"不作决定"文本,如图6.37所示。

5)在弹出的"签发决定"对话框,选择"批准"或"拒绝"选项,若选择"批准"则流程流转到下一个环节,若选择"拒绝"则流程流转到流程发起者,发起者需确认并修改数据后重新提交审核,如图6.38所示。

6)流程发起者可以使用"工作流程查看器"命令查看当前发起流程的流转进度,右击流程中的数据,选择下拉菜单"发送到"→"工作流程查看器",如图6.39所示。

第6章 工作流程管理基础应用

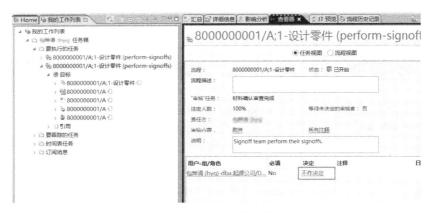

图 6.37 执行工作流程-3

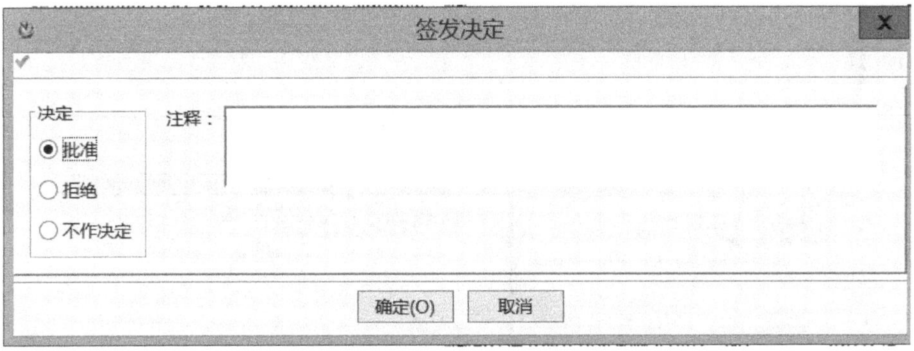

图 6.38 执行工作流程-4

图 6.39 执行工作流程-5

7)在"工作流程查看器"中查看当前流程的流转进度,流程为绿色代表已经审核完成的任务,流程为黄色代表还未作决策的任务,如图 6.40 所示。

8)流程发起者可以查看"要跟踪的任务"文件夹来跟踪流程下一审核人员的信息,流程发起人在"我的工作列表"选项卡中展开"要跟踪的任务"文件夹,选择待审核的任务,在"查看器"选项卡中查看该节点的审核人员,可以按照需求在线下通知该人员进行审核流程,如图 6.41 所示。

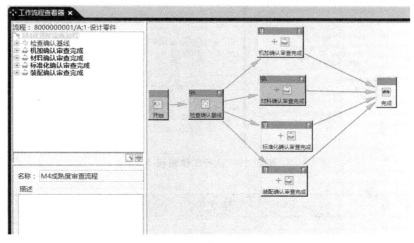

图 6.40　执行工作流程-6

图 6.41　执行工作流程-7

9)流程审核人可以将收到的"审核"任务转交给其他人员进行审核,在"我的工作列表"选项卡中展开"要执行的任务"文件夹,在"查看器"选项卡中查看该任务,然后单击"用户-组/角色"下的用户名,如图 6.42 所示。

图 6.42　执行工作流程-8

10）在弹出的"委派签发"对话框，可以选择其他满足审核条件的人员，然后单击"确定"按钮，流程将流转到新的委派人员，如图 6.43 所示。

11）流程所有节点都完成审核之后，提交的审核数据将变更发布状态（取决于流程的配置），如图 6.44 所示。

图 6.43　执行工作流程-9

图 6.44　执行工作流程-10

实例 6-5　设置工作流程代理

步骤如下：

1）流程审核人员若遇出差或请假等无法审核流程的情况下，可以通过"工作流程代理人"功能将流程自动委派给其他人员审核，登录 Teamcenter，单击菜单栏"工具"→"工作流程代理人…"，如图 6.45 所示。

图 6.45　设置工作流程代理-1

2）在弹出的"工作流程代理人"对话框，选择代理人的"组""角色"和"用户信息"，设置"代理人的有效日期"，然后单击"添加"按钮，新添加的代理人信息将出现在

"当前代理用户"列表中。在有效日期内,当前用户的审核流程将自动委派到代理人工作列表,如图 6.46 所示。

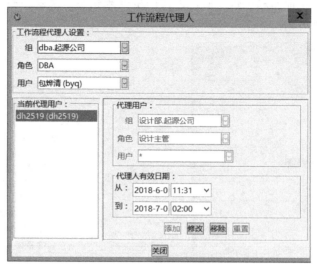

图 6.46　设置工作流程代理-2

习　题

1. 简述工作流程及其作用。
2. 简述 PLM 系统中工作流程处理产品的基本过程。
3. 简述在 Teamcenter 中涉及工作流程模板的基本步骤。

第 7 章

项目管理基础

企业在产品开发的全过程中将通过产品结构的配置和分析选择适当的组织管理方式。一般来说,生产活动是以项目为单位进行组织和管理的,所以项目管理是生产管理的核心单元。项目管理是一种为了在确定的时间范围内完成一个既定的项目,通过一定的方式合理地组织相关人员,并有效地管理项目中的所有资源(如人员、设备、资金)及数据,监控项目进度的系统管理方法。

7.1 PLM 系统中的项目管理概述

7.1.1 项目管理基本知识

项目管理与过程管理似乎有一定的相像之处,但实际上并非如此。两者的主要区别在于:过程管理通常只是面向一个具体对象(如图样、文档等)的状态管理,主要解决对该对象内部数据流的影响问题,管理的颗粒度很细。而项目管理的范围则广泛得多,它围绕着某一工作目标的实现,进行任务划分、任务排序、任务调度、任务执行和结果评估等工作,决不仅仅限于管理一个具体对象。但是通常只涉及任务的人员指派,任务的期限指派和项目资源的分配等粗线条管理,对内部数据流的涉及深度不及过程管理,管理的颗粒度一般要粗于过程管理。

项目管理涵盖的范围较广。从广义上说,在如何最大限度地利用现有资源(如人员、设备等)、在最短的时间内完成任务方面所做的所有努力均可划入项目管理的范畴。因此,从这层意义来说,项目管理算不上一个新概念,人们在该领域已经做了一些研究,并取得了不少成果。实际上,华罗庚先生在 20 世纪五六十年代就倡导的统筹方法、美国 20 世纪六七十年代在发展航天技术过程中提出并得到成功应用的临界路径法 (Critical Path Method, CPM) 均可被视为项目管理的早期实践。

尽管项目管理已经有了一个较为悠久的历史,但对项目本身下一个精确的定义仍然不是一个简单的工作。项目应至少包含三个方面的内容:

1) 项目是面向目标的。所有的项目都有一个给定的目标,项目建立的目的就是实现该目标。目标并不需要指明如何完成,只需要指明要达到的最终状态。

2）项目具有生命周期。目标的实现过程必须在一个有限的时间内完成，实现过程通常包括计划和执行两个阶段。

3）项目目标的实现过程是由人完成的。这些人员称为项目用户。项目用户通常分为定义目标和规划控制目标实现的项目管理人员，以及执行具体功能的项目工作人员。

总体而言，项目管理是在项目实施过程中实现计划、组织、人员及相关数据的管理与配置，并进行项目运行状态的监控，完成计划的反馈。

7.1.2 PLM 系统中的项目管理

近年来由于全球制造业竞争的不断加剧，企业对项目管理的需求也与日俱增，项目管理已成为 PLM 系统一个不可或缺的重要组成部分。PLM 系统中的项目管理功能是为完成项目管理任务而设置的。为了进行项目管理，需要指定项目模型，在项目模型中对项目的任务、人员和时间安排进行描述。利用文档管理功能，对项目的所有文档和数据进行管理；利用用户管理能力，组织项目组，安排项目组成员在项目中的角色；利用流程管理功能，把分解后的项目子任务分配到各个流程之中，设定完成任务的人员、角色和计划时间。通过运行流程来完成项目管理任务，并通过对流程的管控实现对项目实施过程的管控。在项目的实施过程中，利用流程监控得到项目的运行状态的反馈。

PLM 系统中项目管理的基本功能包括：在项目组织结构的基础上，PLM 系统实现其组织、人员的配置及项目参与人员角色的分配。项目管理确保项目组各成员之间能够相互通信，动态地分配任务和追踪任务的执行情况。任何一个项目的完成就是其任务规划、任务分解、任务提交和任务完成的过程。当所有任务完成之时，就是项目完成之时。

（1）人/组织结构的实现　不同的项目，由于其性质、任务、工作方式等不同，具有不同的组织结构。通过项目管理，可以快速建立起一个项目的人员、组织结构，明确不同的人员在该项目中的角色及人员之间的相互关系。项目组织结构的建立是完成此项目的基础，它为分配任务提供了明确的对象。在实现人/组织定义的同时，定义项目组的标准工作流程模板，其作用是简化任务分配流程。定义的工作流程模板在任务分配时被调出，由任务分派人指定各个活动的人员。

（2）任务分配的实现　项目管理的一项重要任务是对开发过程及其速度进行管理和监控，项目的进展情况表现为各种任务的完成情况。与企业的正常行政关系一样，只有上级对下级有权指派工作任务。在 PLM 系统中，项目负责人、工作组负责人是任务的指派者，其成员则是被指派者，被指派者的身份既可以是成员，也可以是工作组。项目的组织结构类似一棵树，称为项目树。项目树的顶点是项目负责人，叶子是项目或项目组成员，内部节点为工作组负责人。无论是内部节点，还是叶子节点，每个任务均对应一个工作流程，它是任务执行的路径。任务的执行由工作流程管理进行控制。

7.2　Teamcenter 中的项目管理基础

项目是能够由被指定为项目小组成员的用户访问的对象组。通过项目可以控制用户对 Teamcenter 数据的访问。可以基于项目中的角色及项目对数据的所有权来制订和实施数据访问规则。

第7章 项目管理基础

项目管理员是具有创建和管理项目或工程项目的特权的 Teamcenter 用户。项目管理员角色中的用户权限：修改项目；删除项目；将小组成员添加到项目；为小组成员指派特权；从项目中移除小组成员。

小组管理员是具有修改项目信息权限的项目小组成员。这些权限应用于项目元数据，而不是指派到项目的数据。小组管理员角色中的用户权限：将小组成员添加到小组管理员也作为其成员的项目；从小组管理员也作为其成员的项目中移除小组成员；特权小组成员具有将对象指派到项目或从中移除对象的特权；小组成员没有将对象指派到项目或从中移除对象的特权。

图 7.1 项目层次结构

图 7.1 所示为典型的项目层次结构。

作为项目管理员，可以使用"项目"命令来创建和维护的项目基础信息，由小组管理员定义项目的特权用户，项目特权用户可以指派数据到项目。

创建项目的基本过程包括以下几个阶段：

1）创建项目。
2）将小组成员添加到项目。
3）为小组成员指派特权。
4）将小组成员添加到小组管理员。
5）将对象指派到项目。
6）将对象从项目中移除。
7）定义项目权限。

实例 7-1 创建项目

步骤如下：

1）启动 Teamcenter 客户端，使用 infodba 账户登录。

2）进入组织应用程序，在"组织"→"项目管理"→"项目管理员"的"角色"中添加项目管理人员信息，如图 7.2 所示。

图 7.2 添加项目管理人员信息

147

3)启动 Teamcenter 客户端,使用项目管理员账户登录。

4)在导览面板的底部单击"配置用户程序"按钮。

5)单击"导览窗格选项…",如图 7.3 所示。

6)将左侧"可用的应用程序"中"项目"选项添加到右侧"选定的应用程序",如图 7.4 所示。

图 7.3 添加项目应用程序-1

图 7.4 添加项目应用程序-2

7)单击"项目"选项打开项目应用,左侧将显示"项目"清单,右侧可以创建/修改项目信息,如项目名称、项目小组成员信息,如图 7.5 所示。

图 7.5 创建项目-1

8)填写项目基础信息,如"ID""名称""描述",同时将项目"状态"设置为"活动",如图 7.6 所示。不同项目状态的定义如下:

活动。项目数据可见且可以由项目或工程项目小组成员修改。

非活动。项目数据对项目或工程项目小组成员可见,但不能修改。

非活动且不可见。项目数据不可见且不能修改。只有项目管理员可以查看非活动且不可见项目的数据。

图 7.6　创建项目-2

9）在"成员选择"区域，可以展开"起源公司"组织，在组织中查看并选择需要添加到项目的成员，并单击"添加"按钮进行添加，或者在搜索框中输入成员 ID 或组织名称进行搜索并添加，如图 7.7 所示。

图 7.7　创建项目-3

10）右侧将显示已添加的项目成员信息，默认情况下添加的人员是小组成员，不具有指派数据到项目或维护小组成员的权限，右击需要将其设置为小组管理员的用户，单击下拉菜单"选择项目小组管理员"命令，如图 7.8 所示。

11）该选择的用户被设置为项目管理员，同时在"状态"列将更新该用户的项目角色信息，此时该用户将具有维护项目成员的权限，如图 7.9 所示。

12）右侧将显示已添加的项目成员信息，默认情况下添加的人员是小组成员，不具有指派数据到项目或维护小组成员的权限，右击需要将其设置为特权用户的用户，单击下拉菜单"设置特权用户"，如图 7.10 所示。

图 7.8 创建项目-4

图 7.9 创建项目-5

图 7.10 创建项目-6

13）该选择的用户被设置为特权用户，此时在"状态"列将更新该用户的项目角色信息，此时该用户将具有指派数据到项目的权限，如图 7.11 所示。

14）在项目基础信息和成员信息都设置完成后，单击"创建"按钮以创建该项目，如图 7.12 所示。

15）在"项目"列表中将显示已经成功创建的项目信息，如图 7.13 所示。

16）启动 Teamcenter 客户端，使用项目小组管理员账户登录，进入"项目"模块，在项目列表中将显示该用户所在的所有项目的信息，选择该用户是小组管理员角色的项目，可以维护该项目的成员信息，如添加/移除小组成员，如图 7.14 所示。

第7章 项目管理基础

图 7.11　创建项目-7

图 7.12　创建项目-8

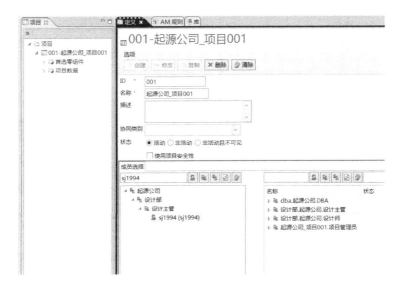

图 7.13　创建项目-9

图 7.14　创建项目-10

实例 7-2　指派/移除数据到项目

步骤如下：

1）启动 Teamcenter 客户端，使用项目特权用户账户登录，进入"项目"模块，在项目列表中将显示该用户所在的所有项目的信息，在操作对象上右击选择下拉菜单"项目"→"指派…"，如图 7.15 所示。

2）在"供选择的项目"列表中选择项目，单击">"按钮，将其添加到"选定的项目"列表中，单击"确定"按钮后该版本及版本下的对象将统一指派到该项目中，如图 7.16 所示。

图 7.15　指派数据对象到项目-1　　　　图 7.16　指派数据对象到项目-2

3）查看已经指派项目的对象属性，在"属性"对话框中将显示已经指派的项目信息，如图 7.17 所示。

4）若需要将数据从已经指派的项目中移除，选择对象右击，单击下拉菜单中"项目"→"移除",如图 7.18 所示。

5）在"供选择的项目"列表中选择项目，单击">"按钮，将其添加到"选定的项目"列表中，单击"确定"按钮后该版本及版本下的对象将统一从该项目中移除，如图 7.19 所示。

第7章 项目管理基础

图 7.17 指派数据对象到项目-3

图 7.18 将数据从项目中移除-1

6) 在完成项目信息移除后，查看对象属性，在"属性"对话框中将不显示项目信息，如图 7.20 所示。

图 7.19 将数据从项目中移除-2

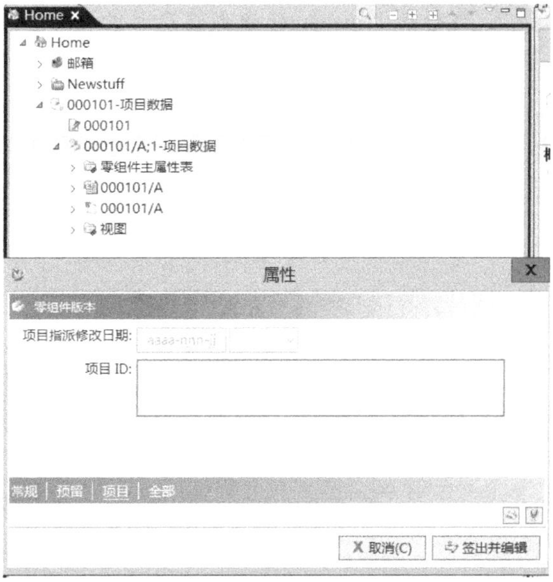

图 7.20 将数据从项目中移除-3

实例 7-3 定义项目权限

根据实际业务需要，可以定义具体项目的权限，并控制不同项目的权限，如设置保密项目仅项目组内人员可以查阅项目数据，非项目组成员无法查看该项目数据，如图 7.21 所示。

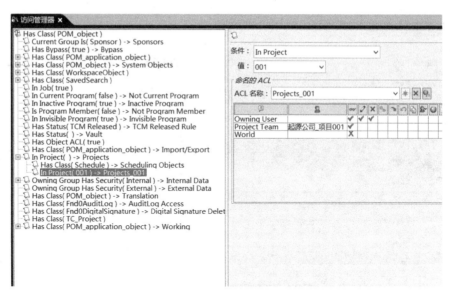

图 7.21 定义项目权限

习 题

1. 简述 PLM 中项目管理的概念。
2. 熟悉在 Teamcenter 中创建项目的过程。
3. 简述如何将数据对象指派到项目，或从项目中移除数据对象。

第8章

PLM系统与CAD软件的集成

在产品开发设计中,设计人员主要使用的工具软件是CAD软件,而作为产品数据管理软件的PLM系统只有通过与CAD软件充分集成,才能满足企业实际工作的需要。因此,PLM系统中实现CAD软件的集成功能的主要目的把在CAD软件中设计的零件信息及其对应的模型和图样发布到PLM系统中,也可以从PLM系统中读取零部件信息,下载其图样信息,从而实现在CAD软件中维护PLM系统中相关产品数据,保证产品图样与PLM系统中的产品数据一致。

8.1 基础概念

8.1.1 PLM系统与CAD软件系统集成要求

从PLM系统的定义可以看出,PLM系统需要管理以物料为核心的几何外形数据、管理数据和技术数据。这三部分数据的原始出处都是CAD图样。因此一个完整的PLM系统与CAD软件集成接口必须能够对描述零部件的CAD图样上的几何外形数据、管理数据和技术数据三方面的数据信息进行传输和交换。

8.1.2 PLM系统与CAD软件集成的内容

PLM系统与CAD软件集成的内容可分为以下九个层次:

第一层,封装在PLM系统中,如果选中了一个零件,然后点击打开,就可以自动调用对应的CAD软件来编辑这个三维模型或二维图样。

第二层,将属性映射到PLM系统中,或反之。零件版本对象上会设置一些属性,如材料、重量、规格等。这些属性本来是由设计人员在CAD文件中填写的,对于非设计人员,他们的计算机上没有安装CAD软件,要查看属性或导出BOM表就必须依赖存放在版本对象的属性。所以CAD软件映射必须包含属性映射,这样才能在数据库中统一管理零部件的属性,生成各种BOM,以便在以后实施与ERP系统的集成。

第三层,装配结构同步到PLM系统的产品结构。当编辑完一个三维CAD装配并保存到PLM系统的时候,PLM系统中应该会自动产生对应的EBOM。

第四层,编辑装配。PLM系统中的CAD文件一般是被统一存放在服务器上的,为了提高编辑效率，需要编辑的文件在被下载到本地缓存后才能被编辑。本层次的集成可以在 PLM 系统中编辑装配时实现，装配及其下属所有的子装配和零件下载到本地缓存。

第五层，嵌入式客户端。在不打开 PLM 客户端的前提下，在 CAD 软件中直接访问 PLM 系统中的数据，在 CAD 软件中包含 PLM 系统的菜单和功能。比如，装配需要安装一个零件，这个零件在 PLM 系统服务器上，在缓存中暂时不存在，而嵌入式客户端能直接调用。

第六层，生成轻量化模型。在 PLM 系统中，如果没有轻量化模型，那么查看三维装配会非常慢，而现在 PLM 系统都有了自己的轻量化模型，如 Teamcenter 的 JT、ENOVIA 的 3DXML、天喻软件的 iva/ivp、山大华天的 svl。没有轻量化模型的三维 CAD 很难支持在 PLM 系统中的异构装配。正常的 CAD 集成中应该有一个选项，用于自动生成轻量化模型。轻量化模型对于数据的安全性也非常重要。生产车间的工人没有必要接触源文件。

第七层，PLM 系统的装配结构映射回 CAD 软件。在 PLM 系统里面可以搭建产品结构树和分配编码。然后总工程师或项目经理可以将装配拆分给工程师进行详细设计。

第八层，深度集成。比如，在 CAD 中有零件族、焊接件、可调整装配、钢结构和标准件库，这些功能可以在 CAD 软件与 PLM 系统的集成环境中直接使用。这个功能一般只有在自家的 PLM 系统中才能实现，比如在 ENOVIA 中集成 CATIA，在 Windchill 中集成 Creo，在 Teamcenter 中集成 NX 或 Solid Edge。

第九层，异构装配。在 PLM 系统中可以使用不同的软件来创建 CAD 模型，而后在 PLM 系统中将异构零件装配起来。其零件可以用原先的 CAD 软件任意修改，其装配也可以自动更新。

8.2　Teamcenter 与 NX 集成

NX Manager 是 Teamcenter 与 NX 的集成模块，用于实现两套软件之间的无缝集成，可将 NX 中的设计数据自动存储到 Teamcenter 中。项目组成员使用 NX 创建零件或进行改型设计时，NX Manager 直接访问 Teamcenter 的数据库读取数据。通过两个系统的通信，NX Manager 可保证 Teamcenter 与 NX 文件属性自动同步，以及 Teamcenter 中产品结构与 NX 中的装配结构互相对应。NX Manager 可以同步零组件属性，包括所有者、组和发放状态；可以生成可视化文件，这些可视化文件可在嵌入式查看器中显示；可以根据可视化文件进行空间搜索或邻近度搜索，可视化就可以指定背景零件。

8.2.1　Teamcenter 与 NX 集成部署

Teamcenter 与 NX 集成部署的步骤如下：
1) 部署 Teamcenter 11 两层或四层系统。
2) 安装 NX 软件。
3) 安装 Teamcenter 与 NX 集成功能部件。
4) 设置 NX 启动首选项。选择菜单栏"编辑"→"选项"，NX 中显示"在 NX 中打开"命令勾选"是"复选框，单击"确定"按钮，如图 8.1 所示。

8.2.2　Teamcenter 与 NX 集成模板配置

无论是本地 NX 还是 NX Manager，都是靠 PAX（Portable Archive Exchange，便携式档案

交换）文件来定位数模图样模板，本地 NX 根据%NX 安装目录%\UGII\templates 下以 ugs 前缀命名的 *.pax 文件，来调取当前文件夹下的 *.prt 模板，而 NX Manager 根据 Teamcenter 系统中的 PAX 文件，来调取 Teamcenter 数据库中的 PRT 模板，如图 8.2 所示。

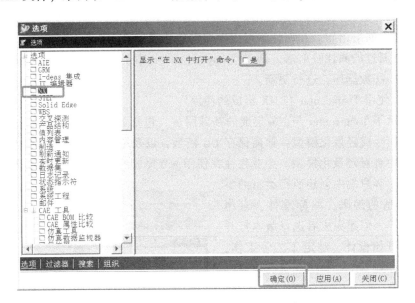

图 8.1　在"选项"中打开 NX 集成

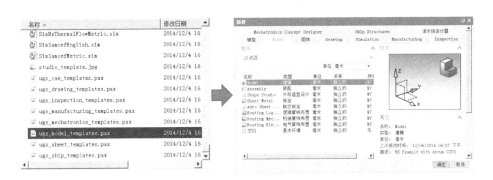

图 8.2　根据 PAX 文件来调取 Teamcenter 数据库中的 PRT 模板

需要手动上传 PAX 文件和 PRT 模板到 Teamcenter 中，配置过程如下：

1）上传 PRT 模板到 Teamcenter。通过"tcin_template_setup"命令上传本地标准数模、图样模板到 Teamcenter。

2）定义 PAX 文件首选项。新建"TC_NX_FileNewPAXFiles_NX10"首选项，指向 PAX 文件对应的零组件，使其加载到 NX 新建对话框。

3）上传 PAX 文件到 Teamcenter 系统。上传本地%NX 安装目录%\UGII\templates 下以 nxdm 前缀命名的 *.pax 文件到 Teamcenter。

8.2.3　Teamcenter 与 NX 属性映射

通过属性映射把 Item、Item Revision、Item Master Form 中的属性映射到 NX 的对象中去。

反之，也可以把 NX 中的零件属性映射到 Teamcenter 的对象中去（如主要尺寸）。属性映射的基本步骤如下：

1）导出 Teamcenter 属性映射表。通过"export_attr_mappings"命令从 Teamcenter 数据库中导出属性映射表。

2）添加属性映射语句。在属性映射表中编辑属性映射语句。

3）导入更新过的属性映射表。通过"import_attr_mappings"命令导入编辑后的属性映射表到 Teamcenter 数据库，进行更新。

实例 8-1　使用 Teamcenter 与 NX 集成的使用

此实例展示了 Teamcenter 与 NX 集成的基础用法，包括如何进入 Teamcenter 和 NX 集成建模环境，如何生成轻量化模型，如何保存 UG 模型，以及轻量化模型保存到 Teamcenter 并在 Teamcenter 中查看轻量化模型。企业往往在使用 NX 集成的时候也是基于该操作模式，即先在 Teamcenter 客户端中创建所需类型的零组件并赋予合适的编码，如标准件、自制件、工序模型等，创建完成后选择版本打开进入建模环境开始设计、制定工艺等工作，建模完成后保存到 Teamcenter 系统确认无误后开始流程审批。

步骤如下：

1）选中 Teamcenter 中的零组件版本，单击"NX 集成"按钮，如图 8.3 所示。

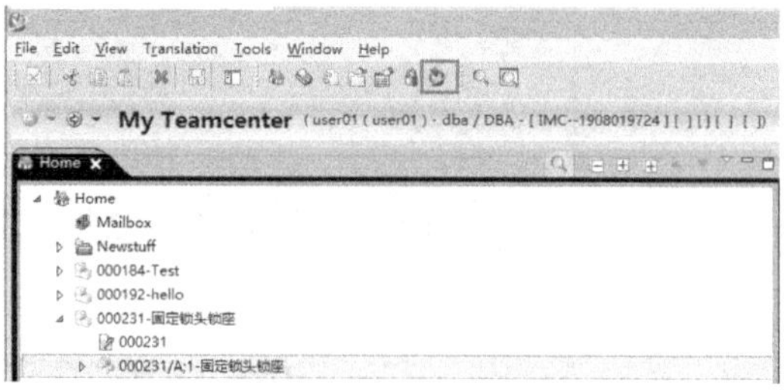

图 8.3　在 Teamcenter 中打开 NX 集成

2）选中模板，并单击"OK"按钮，如图 8.4 所示。

图 8.4　在 NX 中创建模型-1

3) 在 NX 当中进行设计，如图 8.5 所示。

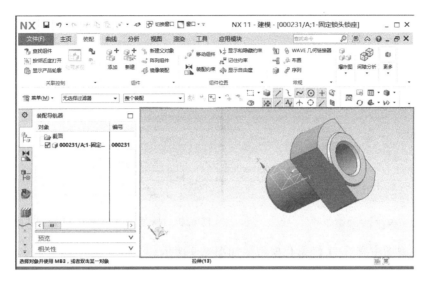

图 8.5　在 NX 中创建模型-2

4) 选择菜单栏中"文件"→"保存"→"保存选项…"，如图 8.6 所示。

图 8.6　保存 JT 模型-1

5) 勾选"保存 JT 数据"复选框，单击"确定"按钮，如图 8.7 所示。
6) 单击"保存"按钮，并退出。

7) 在 Teamcenter 中确认 NX 主属性表单与 JT 数据集生成，如图 8.8 所示。

图 8.7　保存 JT 模型-2

图 8.8　NX 主属性表单与 JT 数据集结果查看

8) 在 JT 视图中查看 JT 轻量化模型，如图 8.9 所示。

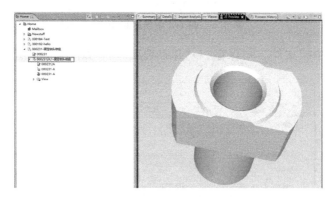

图 8.9　查看 JT 轻量化模型

习　题

1. 简述 PLM 系统与 CAD 软件集成的作用及集成的内容。
2. 简述实现 Teamcenter 与 NX 集成的操作。

第 9 章

综 合 演 练

9.1 创建项目

某汽车研发制造企业准备实施一套 Teamcenter 系统平台来管理研发、工艺过程以提高企业竞争力。经过一段时间的调研后，了解到该汽车研发制造企业缺乏统一的研发项目管理规范，需要对该企业研发项目管理过程进行规范化管理。假设该企业研发项目管理过程利用 Teamcenter 软件的项目管理模块，其中小组管理员为王五，项目成员为张三、李四，需要成立名称为"新能源车型 B 研发项目"的项目组。请在系统中创建该项目组，样例如图 9.1 所示，为避免重复，可以采用自己的学号、姓名分别作为项目的 ID 及名称。

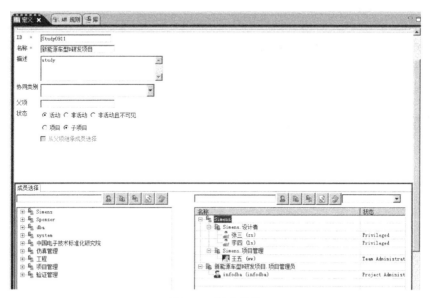

图 9.1 创建项目

9.2 NX 集成环境使用

该汽车研发制造企业在完成项目组创建后，由工程师张三在 NX 集成环境下进行零件设计。请创建名称为"车轮"的零组件对象，并在该对象版本上创建车轮模型数据集，同时要求生成车轮的轻量化模型并在 Teamcenter 查看器中进行展示，请参考图 9.2 所示来实现。

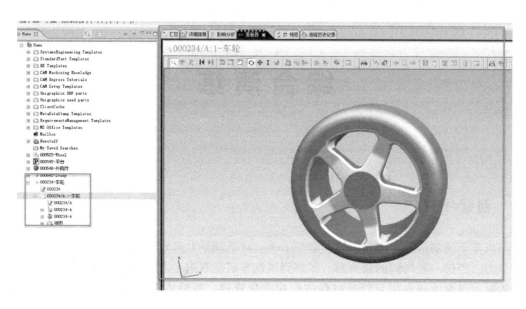

图 9.2　创建产品模型

9.3　定制工作流程模板

为使该汽车研发制造企业提高流程审批效率，避免线下纸质签审方式。实施公司为企业规划了"图样审批流程"来审批三维模型，"图样审批流程"包括"编制→校对→审核→批准→发布节点"，请为该企业定制该流程，请参考图 9.3 所示来实现。

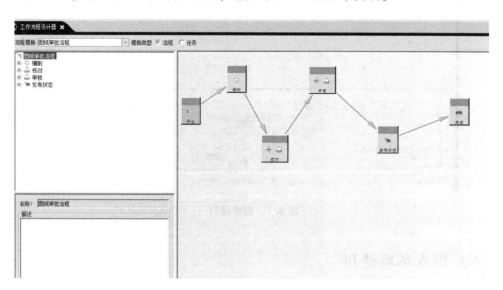

图 9.3　定制图样审批流程

9.4 研发数据送审

为了促进 Teamcenter 系统平台的使用，该汽车研发制造企业要求所有研发产品必须通过 Teamcenter 系统流程进行审批以完成最终发布，不再接受线下纸质文件的签审方式。请将"车轮"模型通过"图样审批流程"送审发布。要求"编制"节点为设计师本人，"校对、审核"节点则根据需要任意选择用户完成审批即可，如图 9.4 所示。

图 9.4 研发数据送审

9.5 搭建分类知识库

为了提升该汽车研发制造企业研发效率，除了使用 Teamcenter 与 NX 集成进行管理外，实施公司还会为企业创建分类库，将企业设计模型知识积累在一起，供研发工程师调用，减少重复设计带来的工作量。请为该企业搭建以下分类库，用于管理该企业的产品知识库，如图 9.5 所示。

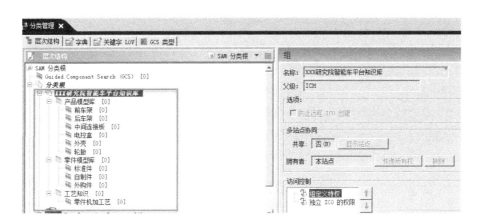

图 9.5 搭建分类知识库

9.6 搭建工艺结构

加入"车轮"模型已经通过了审批,现在需要对"车轮"模型进行工艺设计。请指导该企业工艺工程师以"车轮"模型为制造目标创建工艺结构,要求工艺结构包括工艺、工序且顶层工艺对象关联到制造目标,请为该工艺工程师写下详细操作过程,如图9.6所示。

图 9.6 搭建工艺结构

词 汇 表

> **访问控制条目**（Access Control Entry，ACE）

在访问管理器中，访问控制表中每个访问者和所授予权限的配对。

> **访问控制表**（Access Control List，ACL）

访问管理器组件，其中包含一个访问者列表，针对每个访问者列出了授予、拒绝及未设置的权限

> **BOM 视图**（BOM View）

Teamcenter 对象，用于管理零组件的产品结构信息。

> **BOM 视图版本**（BOM View Revision，BVR）

工作区对象，存储零组件版本的单级装配结构。可以在结构上控制访问权，与其他数据无关。BOM 视图版本仅在创建它们的零组件版本关联中有意义。

> **生命周期**（Lifecycle Visualization）

在胖客户端和瘦客户端中作为独立应用程序的可视化组件。作为观察和分析二维和三维产品数据的可扩展解决方案，可视化提供了一些可满足不同组织需求的配置。

> **应用程序根目录**

Teamcenter 共享二进制可执行文件的目录位置。TC_ROOT 环境变量定义在此位置。通常该目录的内容只随 Teamcenter 的版本更新而改变。

> **主属性表单**（Master Form）

Teamcenter 工作区对象，用于在预定义的模板中显示产品信息（属性）。主属性表单用于以标准化的格式显示产品信息。

> **产品结构**（Product Structure）

彼此之间具有几何关系的装配零件和组件零件的层次结构，如 BOM。变量和版本规则定义一般 BOM。随后可以加载该 BOM 以显示配置的变量。

> **产品视图**（Product View）

装配查看器的已保存配置，包括对于对象、缩放因子、旋转角度和平移位移的选择。

> **人员**（Person）

定义每个 Teamcenter 用户在真实世界中的信息，如姓名、地址和电话号码。人员定义作为简单文本字符串存储，以便对其进行更改和更新。名称必须是唯一的。

> **任务模板**（Task Template）

工作流程任务的蓝图。

> **任务**（Task）

也称为工作流程，用于构造流程的基本构建块。每个任务都定义了用于完成该任务的一组操作、规则和资源。

> **伪文件夹**（Pseudofolder）

Teamcenter 中的特殊容器，存储并显示"我的 Teamcenter"中的零组件和零组件版本

关系。

> **元数据**（Metadata）

Teamcenter 数据库中的对象描述。

> **关系**（Relation）

描述 Teamcenter 对象和一段信息之间的关联，这段信息描述该对象或与其有关。

> **协同关联**（Collaboration Context）

Teamcenter 对象拥有一个结构和配置关联内所包含数据的集合。通过这些数据，可以在一个容器内捕捉多个不同的 Teamcenter 结构。可以在多结构管理器应用程序中、在制造工艺规划器中或在零件规划器中打开协同关联。还可以使用协同关联收集数据，以与第三方应用程序共享。

> **发放状态**（Release Status）

通过工作流程来发放工作区对象时，与该工作区对象关联的状态。

> **变量条件**（Variant Condition）

适用于产品结构中的一个组件的规则。对事例设置的条件，可指定配置该事例所需的选项值（如 Load IF engine = 1200）。

> **变量规则**（Variant Rule）

用于确定要配置的 BOM 变量的选项值集合（如 car type = GLS，engine = 1200，gearbox = manual）。

> **命名的 ACL**（Named ACL）

访问控制的已命名组。

> **命名的引用**（Named Reference）

由数据集管理的文件类型。数据集是唯一使用命名引用的工作区对象。

> **命名规则**（Naming Rule）

也称为业务规则，可定义不同类型对象中的字符串属性值的命名约定。命名规则可以附加到以下属性：零组件类型中的零组件 ID、零组件版本 ID 和名称；数据集类型中的数据集名称、ID 和版本号；名称表单类型。

> **基于对象的保护**（Object-Based Protection）

使用访问控制表，逐个对象创建基于规则的保护。对于扩大或限制对特定对象的访问权，对象访问控制表是最有用的。

> **基于规则的保护**（Rules-Based Protection）

用于控制访问对象的人员资格的条件或规则。这些规则是全局性的（即它们影响整个 Teamcenter 站点），由访问管理器强制执行。这些规则由系统管理员定义。

> **多站点协同**（Multi-Site Collaboration）

Teamcenter 功能，可用于在数个 Teamcenter 数据库之间交换数据对象。数据库之间的对象传递由指定服务器上运行的守护程序进程控制。对象的复制是通过将对象从原来的数据库中导出，再将它们导入请求数据库来进行的。多站点协同的配置是可选的。

> **审核任务**（Review Task）

也称为任务模板，包括选择签发小组和执行签发子任务。每个子任务都包含一个用于执行流程的独特对话框。

> **容器对象**（Container Object）

用于容纳其他对象和组织产品信息的任何 Teamcenter 对象。例如，文件夹和零组件是容器对象。

> **导航窗格**（Navigation Pane）

胖客户端框架组件，显示可在胖客户端中使用的应用程序的按钮。单击应用程序按钮可启动相应的应用程序。

> **属性**（Attribute）

描述对象并与对象一同存储的命名的存储变量。用户可以使用对象属性在数据库中搜索对象。在对象中，属性是名称/值对；在数据库中，属性是字段。属性格式查找器（Property Format Finder，PFF）部件允许搜集并报告与查询所返回对象相关的数据。属性格式查找器对象提供定位任意数据所需的必要的链接和关系，而不用重新格式化查询实例。属性格式查找器对象还能够获取单一查询所不能提供的其他信息。

> **工作流程**（Workflow）

所有工作都经过一个或多个业务流程才能达到某个目标的自动化过程。在完成某个特定流程的过程中，使用工作流程在参与者之间传递文档、信息和任务。

> **工作流程查看器**（Workflow Viewer）

Teamcenter 应用程序，用户可通过它查看某个工作流程的进度。用户不必是该流程的参与成员就可查看该流程。还可以使用工作流程查看器修改特别流程，权限取决于首选项设置。

> **工作流程设计器**（Workflow Designer）

Teamcenter 应用程序，通过该程序，管理员能够以图形方式设计工作流程模板，并将公司业务实践和过程合并到模板中。Teamcenter 用户使用这些模板启动工作流程。

> **工作版本**（Working Revision）

拥有写权限的用户可更改的版本。Teamcenter 不维护工作版本的中间状态记录。

> **工艺结构**（Process Structure）

制造工艺和具有序列关系的工序组成的层次结构，它们一起描述了相关产品是如何制造出来的。

> **应用程序**（Application）

软件包中收集并布置的相关功能元素，用于完成指定的任务。

> **所有者**（Owner）

拥有对象的用户，最开始创建该对象的用户。所有权可以从一个所有者传递到另一个所有者。对象所有者通常具有一些其他用户没有的权限（如删除该对象的权限）。

> **批准者**（Approver）

在工作流程中具有签发权限的用户，而不考虑角色和组成员的资格。在访问管理器中，批准者访问者用于分配适用于所有签发的权限（如读权限）。另见 RIG 批准者（RIG Approver）、角色批准者（Role Approver）和组批准者（Group Approver）。

> **数据集**（Dataset）

Teamcenter 工作区对象，用于管理由其他软件应用程序创建的数据文件。每个数据集都可以管理多个操作系统文件，且每个数据集都会引用一个数据集工具对象和一个数据集业务对象。

> **数据集业务对象**（Dataset Business Object）

Teamcenter 对象，包含可以操作数据集的一系列工具。

> **数据集工具**（Dataset Tool）

Teamcenter 对象，用于创建或修改数据集的工具。

> **文件夹**（Folder）

组、类或子类等对象集合的图形表示。为了方便在类层次结构中进行区分，每个聚合均关联文件夹图标的一个不同类型（组文件夹图标、类文件夹图标或子类文件夹图标）。

> **文档**（Document）

零组件的子类型，表示真实文档的所有版本。零组件类型支持产品、流程、标准及业务其他方面的文档，通常来自 Microsoft Word、Microsoft Excel 等应用程序。

> **有效性规则**（Effectivity Rule）

用于对已发放产品和具有已发放状态的流程设置生效日期的规则。

> **查询构建器**（Query Builder）

Teamcenter 应用程序，通过该程序，系统管理员可以创建和维护对本地和远程 Teamcenter 数据库中对象的定制搜索。保存的查询受标准对象保护，并可由用户通过"我的 Teamcenter"中的搜索功能进行访问。

> **法定人数**（Quorum）

为使任务获得批准，必须投票批准任务的用户数目。

> **流程模板**（Process Template）

工作流程的蓝图，通过按所需的执行顺序放置工作流程和/或更改管理任务（如 Do、执行签发、会签和检查表）来定义。其他流程要求（如法定人数和持续时间）是在模板中使用工作流程处理程序定义的。

> **版本规则**（Revision Rule）

由用户设置的参数，可确定用于配置产品关联的零组件版本。

> **特权小组成员**（Privileged Team Member）

具有在项目中指派和移除对象特权的项目小组成员。

> **用户**（User）

一种机制的定义，Teamcenter 通过该机制标识每个用户并与他们进行交互。用户定义包含名称（来自人员的定义）、用户 ID、操作系统名称和密码。

> **瘦客户端**（Thin Client）

Teamcenter 用户界面，提供基于浏览器的简化视图，其中包含存储在 Teamcenter 数据库中的产品信息。瘦客户端在 Web 层配置，它会创建 Web 页面，并在客户端中维护这些页面。

> **站点 ID**（Site ID）

Teamcenter 站点的唯一标识符。站点 ID 用于为 Teamcenter 对象生成在整个企业中不得重复的内部标识符。一旦建立，站点 ID 便不应再进行修改。

> **系统管理员**（System Administrator）

Teamcenter 用户，是系统管理组的成员。

> 结构关联（Structure Context）

包含在协同关联中的 BOM 或装配结构。结构关联可以包含事例组、零组件和零组件版本。

> 结构管理器（Structure Manager）

Teamcenter 应用程序，支持创建一般产品结构，这些产品结构可配置为显示产品结构正在生产中、在某个日期生效、由特定客户使用等。结构管理器支持创建和修改产品结构及其关联的事例数据，以多层缩进格式显示产品结构，以及查看与该结构紧密耦合的图形，以通过结构或嵌入式查看器中的位置轻松标识组件。

> 胖客户端（Rich Client）

安装在用户工作站上，基于 Java 的 Teamcenter 用户界面。胖客户端使用远程或本地服务器访问 Teamcenter 数据库。

> 表单（Form）

Teamcenter 工作区对象，用于在预定义的模板中显示产品信息（属性）。表单经常用于在 Teamcenter 中创建硬拷贝的电子传真。

> 装配（Assembly）

由其他对象装配而成的复合对象，并可能添加其他信息来进行解释。在装配关联中，非复合型对象称为组件，而其他装配称为子装配。单级复合对象不同于多级产品结构或物料清单，后者属于装配的层次结构。装配数据存储在 BOM 视图版本中。

> 规则树（Rule Tree）

系统管理员用于向用户授予 Teamcenter 对象访问权的访问管理器组件。规则树是由规则和访问权限组成的树，在处理时，可以确定每个用户对所指定对象的访问权。

> 视图（View）

胖客户端用户界面透视图中的软件元素，提供的功能可用于导航信息的层次结构、显示有关选定对象的信息、打开编辑器或显示属性。

> 角色（Role）

面向功能的一群用户，模拟某些技能和/或职责。通常可在许多组中找到相同的角色。在访问管理器中，角色是一个访问者，用于将权限授予具有相同技能和/或职责的所有用户，而不考虑项目是什么。

> 访问管理器（Access Manager，AM）

Teamcenter 应用程序，系统管理员可以通过它授权用户访问 Teamcenter 对象。访问者（Accessor）通过使用访问管理器组件，对共享某些共同特性（如在同一个项目中执行相同功能或工作）的一群用户授予或拒绝权限。

> 配置规则（Configuration Rule）

用于配置结构的规则。配置规则有版本规则和变量规则两种。

> 零件（Part）

可以作为装配或组件参与某个结构的业务对象类型，可能具有附加的数据集。在 Teamcenter 中，零件是在公司的零件发放系统中管理的业务项。通常装配或组件由 OEM 进行设计与构建。

> 零组件（Item）

工作区对象，一般用于表示产品、零件或组件。零组件可以包含其他零组件和对象文件夹的工作区对象。

> 零组件关系（Item Relation）

Teamcenter 零组件与描述该零组件或与之相关的信息之间的关联描述。

> 零组件版本（Item Revision）

工作区对象，一般用于管理零组件的版本。

> 零组件版本关系（Item Revision Relation）

Teamcenter 零组件版本与描述该零组件版本或与之相关的信息之间的关联描述。

> 项目（Project）

用于标识对多个组织可用的一组对象的基础，如某项特定工作的项目团队、开发团队、供应商和客户等组织。

> 项目小组成员（Project Team Member）

没有将对象指派给项目或从项目移除对象权限的小组成员。

> 项目小组管理员（Project Team Administrator）

拥有为该项目修改项目信息和项目小组成员权限的项目小组成员。每个项目只允许有一位项目小组管理员。

> 项目管理员（Project Administrator）

对于管理其使用项目应用程序创建的项目具有不受限访问权限的 Teamcenter 超级用户。项目管理员可以创建、修改及删除项目信息和小组成员。

> 首选项（Preference）

存储在 Teamcenter 数据库中的配置变量，在 Teamcenter 会话启动时读取这些变量。首选项允许管理员和用户配置会话的多个方面，如用户登录名和属性表中默认显示的列。首选项保护范围可设置 Teamcenter 首选项的层次结构范围。层次结构首选项的保护范围可以是站点、组、角色或用户。

> 物料清单（Bill of Material，BOM）

100% BOM：出厂产品配置，如将要构建并运送交付到经销商的汽车的配置。

120% BOM：所选变量条件的部分叠加。不允许从 120% BOM 构建产品。

150% BOM：所有可能的变量配置叠加。不允许从 150% BOM 构建产品。

> 事例（Occurrence）

在精确装配中父装配及其子组件的零组件或零组件版本的直接层次结构关系。有时也称为相对事例。

> 事例有效性（Occurrence Effectivity）

在具有有效性的结构中配置事例的方法。

> 事例组（Occurrence Group）

BOM 中事例和绝对事例的集合。事例组通常代表一个装配。

> 事例路径（Occurrence Path）

代表从顶层装配到组件或子装配的一个事例的路径。在特定 BOM 关联中，事例路径是唯一的，不同的 BOM 不能包含相同的事例路径。即使 BOM 的配置发生更改，事例路径也不会更改。

> **全局备选件**（Global Alternate）

备选件是可以与另一个零件互换的零件，而不考虑该零件用在产品结构中的什么地方。全局备选件将应用于零件的所有版本，并且与视图相互独立。

> **有效性**（Effectivity）

对产品数据某一方面有效使用的标识，通过单元、日期或意图跟踪可以对某个特殊有效性指定开始定义、结束定义或两者都指定。有效性分为以下两种类型：单元有效性指定零组件单元或序号的范围；日期有效性指定日期范围，也称为实施点。

> **查找编号**（Find Number）

在单级的装配中用于标识单个的事例（或事例组）的编号。装配中的组件是按查找编号排序的。

> **根零组件**（Root Item）

产品的顶层零组件。通常这也是单元有效性的顶层零组件。

> **特征**（Feature）

与产品、组件或零件相关联的物理或几何对象，或者是产品、组件或零件的逻辑属性，如焊点、信号或几何图样。特征可以通过 BOM 中的通用设计元素（Generic Design Element，GDE）来表示。

> **绝对事例**（Absolute Occurrence）

父装配与结构中下一级或下几级的零组件之间的关系。父装配是绝对事例所在的关联环境。选择关联装配并查看结构时，可以定义替代父级存储数据的绝对事例上的数据。

> **装配**（Assembly）

单层复合对象，不同于多级产品结构或物料清单（这些是装配的层次结构）。装配数据存储在 BOM 视图版本中。

> **装配视图**（Assembly View）

产品数据的视图。

> **视图**（View）

为类中的属性度身定做的表示形式。视图与抽象类和存储类相关联，也可对它应用属性。例如，某个类可能为其对象定义了物理属性和会计属性，但是工具设计者的视图可能只显示物理属性，而会计人员的视图可能只显示会计属性。

> **视图类型**（View Type）

BOM 视图版本的属性。视图类型指定 BOM 视图版本的使用意图（如设计或制造）。视图类型用于区分同一零组件版本的各个 BOM 视图版本。

> **选项**（Option）

具有一组允许的值的零组件版本的属性（如 engine：1200，1600）。在指定变量数据时，使用选项来配置装配变量。选项名称在一个零组件版本中是唯一的，但在数据库中不是唯一的。

> **顶层零组件**（End Item）

可以代表产品或工厂结构的装配顶级节点。

> 顶级（Top Level）

产品结构的根对象，工艺规划在该对象处制定。顶级对象可以是正在制造的顶级产品或顶级产品中使用的子装配，如拖拉机上的发动机，其中拖拉机是顶级产品。

> ICM 根文件夹（ICM Root Folder）

分类层次结构中的根文件夹。每个数据库有一个根文件夹。

> 设计物料清单（Design Bill of Material）

用于定义装配结构和装配结构自身表示的组件和子装配的列表。

> 制造物料清单（Manufacturing Bill of Material，MBOM）

定义产品是如何制造的，而不是如何设计的。

> 产品（Product）

要制造的零组件或装配（组件和子装配的层次结构）。

> 分类（Classification）

根据特征的相似性将对象分类的过程。尽管类中的对象都有相同的特征，但是这些特征的值可能不同。例如，钻头都有长度和直径特征，但是各钻头对象的长度和直径却并不相同。

> 分类实例（Classification Instance）

分类层次结构中最低级别的组件，也称为内部分类对象。

> 分类层次结构（Classification Hierarchy）

用于按公用属性对公司数据进行分类的结构。

> 制造工艺（Manufacturing Process）

组成工艺规划的制造子工艺、工序和活动的集合。工艺可同时具有序列和并行顺序。它们与某一产品和某一工作区域相关联。

> 制造工艺规划器（Manufacturing Structure Editor）

通过"Teamcenter Manufacturing Process Management"应用程序，用户可以设计一个详细描述如何制造产品的规划。

> 制造视图（Manufacturing View）

事例组的层次结构。制造视图描述装配工序使用的组件和子装配。制造视图中子装配的组件表示对目标产品结构中行的引用。如果未消耗这些组件的父装配，则可以在工序中消耗这些组件。

> 原材料（Raw Material）

在执行任何加工工序前的最早的处理中模型。

> 变量规则选项（Variant Rule Option）

产品变量的描述，通常用于较高级的装配或产品自身。

> 子类（Subclass）

在"分类搜索"对话框中，子类实例代表与某一类对应的属性的子集。子类继承其父类的属性。与类不同，用户可以定义指派给子类的继承属性，而类继承其父类的每个属性且不能编辑。

> 子装配（Subassembly）

用于构建另一个装配的装配结构或要如此使用的装配。在制造视图中，可以是交付单元或工件。

> **实例**（Instance）

与某个类相关联的单个数据对象。实例可以对应 BOM 中的某一行。

> **工作区域**（Work Area）

执行工序的工厂场所。工作区域可以表示整个工厂、生产线、单独工作单元或工厂内的工位。可通过它们在车间中的位置和它们所提供的工艺能力来描述工作区域。用户可以生成对于组织唯一的工作区域层次结构。

> **工厂**（Plant）

工作区域层次结构所描述的制造机构。

> **工厂结构**（Plant Structure）

工作区域的物理布局的层次结构。层次结构中不同级分别代表工厂、工作单元和各个工位。

> **工艺工序**（Process Operation）

在特定工作区域中执行的制造工艺的一个步骤。它是制造工艺结构中的最底层的可修订元素。

> **有效性规则**（Effectivity Rule）

用于对已发放产品和具有已发放状态的流程设置生效日期的规则。

> **消耗零组件**（Consumed Item）

制造工艺或工序期间所需的零组件，且必须定期订购才能满足生产定额。消耗零组件可以是来自产品结构的零件或组件，以及油品、油脂和手套之类的材料。

> **类**（Class）

共享一系列相同属性、但可通过特定对象的属性所取的值加以区分的对象集。例如，"汽车"类可以用品牌、颜色和价格来定义，这样与"汽车"类关联的每辆汽车都具有不同的品牌、颜色和价格组合。

> **类层次结构**（Class Hierarchy）

定义从其超类（也称为父类或祖先）继承了属性的子类的结构。

> **类文件夹**（Class Folder）

对象集合的表示。在"分类和分类搜索"对话框类的层次结构中，类显示时带有类文件夹图标，因为它们表示对象集合。

> **组**（Group）

类的类型，不具有与其相关联的一系列属性，是分类层次结构中的最高级。

> **组文件夹**（Group Folder）

在分类层次结构中，组文件夹表示一组相关的类。

> **结构关联**（Structure Context）

包含在协同关联中的 BOM 或装配结构。结构关联可以包含事例组、零组件和零组件版本。

> **资源**（Resource）

用于执行工序或定义工艺的零组件，如自动机械、工具和机器。标准设备和定制工具都可以被标识为资源。

> **SML 类**（SML Class）

在分类应用程序中使用的原有类类型。注意不要使用此类型的类创建数据，请改用抽象类和存储类。

> **分类**（Classification）

根据特征的相似性将对象分类的过程。尽管类中的对象都有相同的特征，但是这些特征的值可能不同。例如，钻头都有长度和直径特征，但是各钻头对象的长度和直径却并不相同。

> **分类对象**（ICO）

表示分类系统中的 Teamcenter 对象，分类系统使用分类数据扩展该对象。ICO 指定了在分类层次结构中某个特殊存储类所定义的属性值。

> **分类层次结构树**（Classification Hierarchy Tree）

在树状结构中显示分类结构（如组、类、子类和视图），以在使用分类管理时保持关联。

> **存储单位**（Storage Unit）

在分类中，保存分类对象所用的度量单位。

> **存储类**（Storage Class）

能够存储分类实例的类。

> **属性字典**（Attribute Dictionary）

分类属性定义的资源库。属性字典可确保所有属性的一致定义，而无论这些属性是在哪些类中使用。通过分类管理，用户可以查看字典中包含的属性，并使用搜索功能来定位属性。

> **属性继承**（Attribute Inheritance）

新的类自动继承为其所有上级类定义的所有属性的过程。

> **抽象类**（Abstract Class）

用于合并在存储类中使用的公共属性的分类类。分类实例不能存储在抽象类中。

> **活动单位**（Active Unit）

在分类中，当前显示分类对象所用的度量单位。此度量单位不能是分类对象存储时的单位。

参 考 文 献

[1] 清软英泰. PDM 工作流与过程管理［OB/EL］. (2018-11-09)［2021-04-27］. http：//www.plmpdm.cn/dong-tai/241.html.

[2] 清软英泰. PDM 的项目管理［OB/EL］. (2013-09-23)［2021-04-27］. http：//www.pdm.so/information/20130923329.html.

[3] 郝鸿雁. PDM 中项目管理的研究与实现［J］. 中国制造业信息化. 2011, 40 (9)：4-6.

[4] 吴青. 基于 Teamcenter 的产品制造工艺管理研究［D］. 大连：大连理工大学，2018.

[5] 百度百科，产品生命周期管理［OB/EL］.［2021-04-27］. https：//baike.baidu.com/item/产品生命周期管理/411189? fr=aladdin.

[6] 孙树明. 基于 Teamcenter 的产品结构配置设计方法［J］. 科学与财富，2014 (5)：110-111.

[7] 安晶，殷磊，黄曙荣. 产品数据管理原理与应用——基于 Teamcenter 平台［M］. 北京：电子工业出版社，2015.

[8] 斯达克. 产品生命周期管理：21 世纪产品实现范式. 杨青海，俞娜，孙兆洋，译. 2 版. 北京：机械工业出版社，2017.

[9] 饶有福. 面向智能制造的 PLM 视角下数字化工厂实现技术研究［J］. 智能制造，2016 (12)：34-36.